O Caminho da Felicidade

O Caminho da Felicidade

Torne-se um anjo na Terra

Ryuho Okawa

IRH Press do Brasil

Copyright © Ryuho Okawa 2011
Título do original em japonês: *Shinjitsu-heno-Mezame*
Título do original em inglês: *The Moment of Truth*
Tradução para o português ©IRH Press 2011

Coordenação editorial: Cristina Fernandes
Edição: Wally Constantino
Preparação e revisão: Francisco José Couto

Os textos deste livro foram selecionados de palestras proferidas por Ryuho Okawa em visita ao Brasil

IRH Press do Brasil Editora Limitada
Rua Domingos de Morais, 1154, 1º andar, sala 101
Vila Mariana, São Paulo – SP – Brasil

Nenhuma parte desta publicação poderá ser reproduzida, copiada, armazenada em sistema digital, ou transferida por qualquer meio, eletrônico, mecânico, fotocópia, gravação ou quaisquer outros, sem que haja permissão por escrito emitida pela Happy Science – Ciência da Felicidade do Brasil.

ISBN: 978-85-64658-00-4
1ª Edição

Impressão: Paym Gráfica e Editora Ltda.

SUMÁRIO

PREFÁCIO 9

INTRODUÇÃO 11

CAPÍTULO 1: SEU CAMINHO PARA A FELICIDADE
Pavimente o caminho da felicidade 21
Você é o autor da sua vida 23
Sua alma é o seu verdadeiro eu 32
A fé lhe dá força 34

CAPÍTULO 2: DESPERTE SUA ALMA PARA AS VERDADES DE DEUS
Acreditar no mundo espiritual é o início da iluminação 37
Meus esclarecimentos sobre o mundo espiritual 40

O caminho para o Céu começa pela fé 43
Os Quatro Corretos Caminhos –
Um guia para a felicidade espiritual 44

CAPÍTULO 3: OS ANJOS DISSIPAM A ESCURIDÃO E ESPALHAM AMOR

A luz do Céu se espalha pelo mundo 55
Elimine a inveja, raiz do ódio 59
O primeiro anjo caído 63
Supere sua energia negativa 65
Os anjos estão ao seu lado 67
Os demônios não são páreo para Deus 68
Torne-se um anjo de amor 71

CAPÍTULO 4: O PENSAMENTO VENCEDOR PODE TRANSFORMAR DIFICULDADES EM SUCESSO

O sucesso da Happy Science 75
A crença na alma torna seu pensamento vencedor 79
Este mundo é uma escola para a sua alma 83
Não culpe os outros por sua infelicidade 86
Uma mente iluminada pode sintonizar-se com o Céu 88
Os reveses são as sementes do sucesso 89

CAPÍTULO 5: ABRIR A PORTA PARA OS MILAGRES

Uma onda de milagres 91
A fé atrai milagres 95

Nosso movimento para atrair a salvação de Deus 98
A disseminação dos milagres do mundo espiritual 102

Capítulo 6: Perguntas e respostas com o mestre Okawa

P1 Destino e predestinação 105
P2 Ter duas missões na vida 109
P3 A depressão e como superá-la 113
P4 A opção de ser vegetariano 121
P5 Os deveres dos políticos 125
P6 A pena capital 128
P7 Definição de Anticristo 137
P8 Quem é El Cantare 140
Seção "O Grande Espírito, El Cantare" (dos originais em japonês *Reiteki Sekai no Hontō no Hanashi* e *Shinpi no Hō*) 142
P9 Acreditar no Senhor 144

Posfácio 149

Sobre o autor 151

Sobre a Happy Science 153

Contatos 156

Outros livros de Ryuho Okawa 160

Os textos deste livro foram selecionados das seguintes palestras proferidas por Ryuho Okawa:

Capítulo 1: Seu caminho para a felicidade
"The Way to Happiness" [*Kōfuku e no Michi*]
10 de novembro de 2010 em Jundiaí, Brasil

Capítulo 2: Desperte sua alma para as Verdades de Deus
"Awakening to the Truth" [*Shinjitsu e no Mezame*]
12 de novembro de 2010 em São Paulo, Brasil

Capítulo 3: Os anjos dissipam a escuridão e espalham amor
"On Love and the Work of Angels" [*Ai to Tenshi no Hataraki*]
14 de novembro de 2010 em São Paulo, Brasil

Capítulo 4: O pensamento vencedor pode transformar dificuldades em sucesso
"The Power of Invincible Thinking" [*Jōshō Shikō no Chikara*]
9 de novembro de 2010 em Sorocaba, Brasil

Capítulo 5: Abrir a porta para os milagres
"On Mystical Power" [*Shinpi no Chikara ni Tsuite*]
7 de novembro de 2010 em São Paulo, Brasil

Capítulo 6: Perguntas e respostas com o mestre Okawa
P1 Destino e predestinação; 10 de novembro de 2010 em Jundiaí, Brasil
P2 Ter duas missões na vida; 12 de novembro de 2010 em São Paulo, Brasil
P3 A depressão e como superá-la; 10 de novembro de 2010 em Jundiaí, Brasil
P4 A opção de ser vegetariano; 9 de novembro de 2010 em Sorocaba, Brasil
P5 Os deveres dos políticos; 10 de novembro de 2010 em Jundiaí, Brasil
P6 A pena capital; 12 de novembro de 2010 em São Paulo, Brasil
P7 Definição de Anticristo; 9 de novembro de 2010 em Sorocaba, Brasil
P8 Quem é El Cantare; 10 de novembro de 2010 em Jundiaí, Brasil
Seção "O Grande Espírito, El Cantare" de *The Truth of the Spirit World* [*Reiteki Sekai no Hontō no Hanashi*] e *The Mystical Laws* [*Shinpi no Hō*]
P9 Acreditar no Senhor; 9 de novembro de 2010 em Sorocaba, Brasil

PREFÁCIO

Este livro é o resultado de minha determinação em difundir meus ensinamentos pelo mundo a qualquer custo, mesmo que para isso eu tenha de enfrentar alguma situação de risco. Em novembro de 2010, com esse firme propósito, cruzei metade do planeta para chegar ao Brasil, onde realizei uma série de cinco palestras em uma semana.

Pouco antes de viajar, preparando-me para uma eventualidade e querendo garantir que meu trabalho não ficasse incompleto, reuni alguns discípulos e fiz uma espécie de "palestra-testamento", na sede da matriz da Happy Science do Japão.

Durante a viagem, havia uma escala para reabastecimento com espera de quatro horas em Dallas, nos Estados Unidos. Eu estava tão empolgado com a missão a ser cumprida que resolvi dar uma palestra ali mesmo no aeroporto. Quando meus preocupados assessores me informaram que não tínhamos adeptos em Dallas, apenas exclamei: "Tudo bem; então achem alguns escorpiões e formem uma plateia!", deixando claro o meu entusiasmo.

Este livro é uma coletânea de palestras voltadas para o público brasileiro. No entanto, seu conteúdo foi planejado para se adequar a qualquer pessoa e também servir como uma apresentação abrangente para todo iniciante. Acredito igualmente que, de todas as minhas publicações, este seja o melhor livro de introdução à Happy Science para novos adeptos, sejam eles do Brasil, do Japão ou de qualquer outra parte.

Ryuho Okawa
Janeiro de 2011

INTRODUÇÃO

Incontáveis anjos celestiais trabalham como servos de Deus, esforçando-se dia e noite para diminuir a infelicidade encontrada neste mundo. Espero que você também se torne um anjo que jamais hesita em seus esforços diários para ajudar a limpar o mundo e trazer o Céu para a Terra.

Mestre Ryuho Okawa

O caminho da felicidade – torne-se um anjo na Terra, do mestre Ryuho Okawa, revela o poder que reside dentro de todos nós, filhos de Deus, para aprimorar nossas qualidades pessoais e ao mesmo tempo ajudar a melhorar as perspectivas de paz e felicidade no mundo como um todo. O mestre Okawa acredita que todos nós possuímos um potencial inato para nos tornarmos anjos de Deus enquanto vivemos na Terra. Tudo o que precisamos fazer é despertar para a Verdade de nossa natureza: somos seres espirituais com missões sagradas a realizar durante nossa existência terrestre.

Este livro vai encorajá-lo a explorar os aspectos espirituais de sua vida, a ver a luz de Deus dentro de si mesmo e a acreditar que o mundo de Deus e o Céu não são mitos, mas uma realidade maior e muito mais maravilhosa do que você pode imaginar. Nestas páginas, o mestre Okawa vai inspirá-lo a descobrir a paixão pelo seu eu espiritual e lhe mostrará as ferramentas para alcançar a felicidade duradoura que ele descreve.

A sabedoria contida neste livro é intensa e profunda, mas decididamente simples. Estes ensinamentos abrangentes conciliam e, harmoniosamente, fundem crenças culturais, espirituais, religiosas e materiais do mundo todo, um mundo em constante estado de conflito há milhares de anos. Milhões de leitores e seguidores de vários países e diversas religiões apreciam os ensinamentos do mestre Okawa, hoje traduzidos para diversos idiomas. Esta é uma obra para pessoas de todas as raças, nos mais variados caminhos espirituais e religiosos.

No Japão, sua terra natal, o mestre Okawa é um renomado líder espiritual que já ministrou mais de 1.400 palestras por todo o país. Ele também viaja com frequência para o exterior a fim de levar a palavra de Deus a pessoas de todas as partes do globo. Nos últimos anos realizou palestras em Nova York, Los Angeles, São Francisco, Londres, Seul, Taiwan, Sydney e São Paulo. As pessoas que o ouviram foram surpreendidas pela dignidade e pela força emanadas de sua presença e de suas palavras. Tocadas por seu amor e sua compaixão, muitas passaram a considerar o mestre Okawa como a voz do Céu.

Desde que fundou o movimento espiritual Happy Science, em 1986, ele já publicou, até abril de 2010, mais de setecentos livros. Só no ano de 2010 atingiu a incrível marca de 51 títulos lançados em livrarias.

Hoje suas obras estão disponíveis em dezenove idiomas, entre os quais inglês, espanhol, português, chinês, francês e coreano.

Em sua mais recente visita ao Brasil, em novembro de 2010, o mestre Okawa apresentou, ao longo de uma semana, uma série de cinco palestras nas cidades de São Paulo, Sorocaba e Jundiaí, todas reunidas neste livro. Embora as palestras tenham sido dirigidas a espectadores brasileiros, seu conteúdo certamente é válido para pessoas de todas as idades, raças e credos. Essas palestras transmitem a paixão do mestre por mostrar o caminho da felicidade e dos portões do Céu para pessoas do mundo todo.

Um dos principais temas desta obra é a convicção do mestre Okawa de que a felicidade espiritual não é obtida somente quando a pessoa passa para outra vida, como ensinam certas religiões. Na verdade, é algo que deve ser alcançado durante a sua vida aqui na Terra. Como filho de Deus, você tem a capacidade de ser um anjo vivo, que se preenche de felicidade enquanto persegue o objetivo de trazer paz ao mundo, felicidade eterna e prosperidade aos povos da Terra. Essa missão sagrada requer perseverança. Mas o esforço exigido pela tarefa é a essência do que lhe traz felicidade duradoura, tanto nesta passagem temporária pela Terra quanto no mundo do além. Este livro o conduzirá através de Verdades universais – as Verdades de Deus – que governam a sua vida e o mundo.

No capítulo 1, *Seu caminho para a felicidade*, o mestre Okawa o encoraja a ser o autor de sua vida. Uma parte de Deus reside em você; portanto, você tem o poder de levar sua mente para qualquer direção: acender a luz de Deus dentro do seu coração, sintonizar a sua mente com o Céu e viver pelo bem maior que é a felicidade do mundo. Quando você vive com a crença de que a sua felicidade pessoal e a felicidade dos outros caminham juntas, você se torna um símbolo vivo da luz divina.

O capítulo 2, *Desperte sua alma para as Verdades de Deus*, revela princípios de vida que você pode praticar para, com segurança, voltar sua mente para o Céu. É possível construir o próprio caminho para a felicidade e salvar-se conhecendo as obras de Deus e a maneira como elas afetam sua mente; assim que você entender essas obras e aprender a sintonizar sua mente com o Céu, os anjos poderão lhe dar muito mais ajuda. O mestre Okawa descreve os quatro caminhos básicos que, quando seguidos, podem conduzi-lo ao seu destino, o Céu. Ele resume esses caminhos em quatro palavras simples: amor, conhecimento, autorreflexão e desenvolvimento. Juntas, elas formam um estilo de vida que lhe permite dirigir sua mente para o Céu ao mesmo tempo que você segue sua vida na Terra.

No capítulo 3, *Os anjos dissipam a escuridão e espalham amor*, o mestre Okawa descreve como você consegue desenvolver uma felicidade duradoura, que pode ser levada para o outro mundo, sem sacrificar a sua felicidade nesta vida. Muitas religiões oferecem ensinamentos sobre Deus, o Céu e o Inferno, mas poucas, se é que há alguma, ensinam como alcançar neste mundo o tipo de felicidade significativa que levará você ao Céu. Tudo depende do poder do seu amor e de como você neutraliza as forças do mal procurando tornar-se um anjo vivo e almejando levar felicidade para outras pessoas. Ao longo dessa busca, talvez você encontre o mal tanto dentro de si mesmo quanto no mundo exterior. Os ensinamentos do mestre vão ajudá-lo a dominar o ciúme e o ódio, e despertarão seu anjo interior. O mestre deixará você com a firme convicção de que o mal não é páreo para Deus e seus anjos, e que você pode ser um elemento ativo para pôr em prática o Céu na Terra.

O capítulo 4, *O pensamento vencedor pode transformar dificuldades em sucesso*, apresenta a filosofia do mestre Okawa sobre o pensamento vencedor. Ninguém jamais está imune às dificuldades e atribulações que fazem parte da vida. Com o pensamento vencedor, porém, você *pode* assumir o controle da sua vida. Ele lhe permite encontrar o sucesso apesar dos reveses e dos contratempos. Essa filosofia não trata simplesmente de otimismo e afirmações positivas, ou negação da realidade. Na verdade, o pensamento vencedor é uma aceitação plena e generosa dos obstáculos encontrados e dos fracassos que parecem insuperáveis. O pensamento vencedor possibilita que você encare os problemas como sendo o amor de Deus disfarçado, conduzindo-o para uma vida mais rica e satisfatória. O mestre Okawa mostra como transformar uma dificuldade em sucesso.

No capítulo 5, *Abrir a porta para os milagres*, o mestre Okawa revela sua mensagem apaixonada e sincera, convidando-o a despertar dentro de si a sua fé inata em Deus e no Céu. Seus ensinamentos, as Verdades de Deus, irão reativar as lembranças que sua alma tem do mundo místico que o cerca. À medida que a fé em Deus e no Céu se fortalece e se espalha pelo mundo, ela desencadeia uma série de fenômenos místicos que mudarão a vida de inúmeras pessoas. Você pode ser, hoje, uma dessas pessoas que experimentam os milagres celestiais.

Por fim, o capítulo 6, *Perguntas e respostas com o mestre Okawa*, traz uma seleção de perguntas feitas pelos ouvintes durante as palestras. O mestre apresenta informações preciosas sobre temas importantes como a existência ou não da predestinação, as causas espirituais da depressão, e se é possível mudar o próprio destino, dentre outros. Como especialista nas Verdades da alma e do mundo espiritual, ele oferece uma perspectiva nova e abrangente para questões que até hoje permaneciam insolúveis ou inexplicáveis para as outras religiões, inclusive o cristianismo. Ele lhe mostra quais são as verdadeiras intenções de Deus. Ao contrário do retrato de um Deus temível e punitivo propagado por algumas religiões, o verdadeiro Deus é infinitamente amoroso e repleto de compaixão.

O momento da verdade é agora, momento para todos nós despertarmos nossos anjos interiores. Este livro contém o vislumbre de um poderoso movimento espiritual que já ganhou vida em diversas partes do mundo, por meio de pessoas de fé e coragem que tomaram a decisão de ajudar a trazer paz, amor e iluminação para a Terra. Nestas páginas, o mestre Okawa envia suas mais sinceras bênçãos, mostra o caminho para a felicidade e a estrada para os portões do Céu.

"Nós, seres humanos, temos o poder de mudar quem somos, de nos aperfeiçoar e fazer do nosso futuro algo cheio de grandes sonhos e ideais. Isso é o que nos torna filhos de Deus. Essa é a nossa 'natureza divina'."

Capítulo 2, Os Quatro Corretos Caminhos

Capítulo 1

SEU CAMINHO PARA A
FELICIDADE

Pavimente o caminho da felicidade

Durante o percurso entre São Paulo e nosso templo em Jundiaí, não pude deixar de reparar nos diversos buracos da estrada, muito diferente das vias expressas japonesas. Foi uma viagem aos solavancos. As estradas aqui são de tal forma esburacadas e sinuosas, que cheguei a pensar que estivéssemos percorrendo um caminho vicinal. E me surpreendi quando me disseram que se tratava de uma autoestrada, mas, quando finalmente ganhamos velocidade, compreendi que era verdade.

Passei a viagem toda mergulhado no pensamento e na percepção de que *eu mesmo* sou essa estrada, esse "caminho para a felicidade". Imaginei o que é ser uma estrada e o que isso significa, e pensei: "Uma infinidade de veículos circula às minhas costas e uma verdadeira multidão também caminha sobre ela". Lembrei-me da surpresa que tive ao ver uma grande quantidade de lixo nas estradas e ruas próximas da região de São Paulo. Foi uma experiência nova para mim, porque não se vê tanto lixo no Japão, o que me levou a pensar: "Ser uma estrada também significa que jogam muito lixo na gente". De fato, muitos usuários enchem de lixo as vias públicas, mas nem por isso elas deixam de levar caminhões de um lugar a outro. Os caminhos têm muitas utilidades, mas às vezes as pessoas não lhes dão valor e não os tratam com o devido respeito. Assim são as coisas, às vezes.

Olhando para o passado, lembro-me da minha primeira palestra em Tóquio, nessa mesma época, em novembro de 1986, quando falei para um público de pouco mais de noventa pessoas. Agora, 24 anos mais tarde, crescemos e nos expandimos tanto que já construímos um *shoshinkan*, um templo central, no Brasil, situado literalmente do outro lado do mundo. Para minha alegre realização, finalmente cheguei ao outro lado da Terra, meia volta ao redor do mundo.

Como tenho escrito e dito reiteradamente nas palestras, minha missão é ensinar as Verdades de Deus, não apenas no Japão, mas para as pessoas de todas as partes do globo. E esse sentido de missão se renova dentro de mim uma vez mais enquanto falo com você. Com isso em mente, gostaria de explicar alguns pontos que lhe darão pistas para encontrar a felicidade.

Você é o autor da sua vida

Você, e mais ninguém, pode decidir a sua felicidade ou infelicidade. Se você acha que é feliz ou infeliz baseando-se na percepção que os outros têm de você, está cometendo um erro. Cabe a você decidir se é feliz ou não. Esse é o primeiro ponto importante a considerar. Todas as manhãs, quando acordar, diga para si mesmo: "Sou eu que decido se hoje vou estar repleto de felicidade ou não. Tudo depende de mim". Mantenha esse pensamento consigo o dia todo. É você, e mais ninguém, que torna o seu dia alegre ou triste.

Por exemplo, imagine que, enquanto se dirige à minha palestra, vê que o céu está coberto de nuvens escuras e o vento forte as empurra rapidamente. É bem provável que ocorram chuvas e trovoadas. Então, começa a chover e a trovejar, e você acha que isso vai estragar o seu dia. Mas lembre-se de que outra pessoa, na mesma situação, poderia ter dito a si mesma: "Apesar da chuva e dos trovões, consegui assistir à palestra do mestre Okawa, que veio lá de longe, do Japão. Não permiti que o mau tempo me impedisse de ouvir o mestre".

Tenho ensinado muitas vezes, de diferentes maneiras, que você não deve deixar o clima ou as condições do ambiente ao seu redor determinarem como se sente. Você tem o poder de controlar seu pensamento. Se você for uma dessas pessoas repletas de alegria, o mau tempo não há de ter a menor importância. Este é um dos ensinamentos-chave da Happy Science. Se você compreender pelo menos este ponto, já estará na direção certa para o caminho da felicidade.

Você é o autor da sua vida. Você decide a sua felicidade ou infelicidade. É a sua mente que escolhe uma coisa ou outra. Por favor, não esqueça essa Verdade.

Talvez você, que está lendo este livro agora, seja imigrante. Talvez pense que a sua mudança para um país estrangeiro tenha sido a causa da sua felicidade ou infelicidade. Mas, por favor, lembre-se de que, ao longo da história da civilização, sempre existiram pessoas que emigraram para outros países, e cada uma delas agarrou a felicidade ou infelicidade com as próprias mãos. Cada uma foi a criadora da própria vida. Tudo começa com esse ponto.

É muito fácil pôr a culpa nos outros ou no ambiente que nos cerca. E não posso dizer que os fatores externos não tenham nenhuma influência. O mau tempo pode fazer com que nos sintamos tristes e deprimidos, e é difícil ter motivação quando a economia vai mal. É difícil não ficar decepcionado quando alguém nos critica ou nos desrespeita. Entretanto, cabe a nós mesmos decidir como reagir a essas influências externas.

Enquanto as religiões convencionais retratam o homem como uma criatura frágil, eu prego a crença numa forma muito mais forte de ser humano. Assim como todas as pessoas, você tem uma *resiliência* – capacidade de se adaptar ou de se recuperar facilmente – muito maior do que imagina. Por que digo isso? Como você provavelmente deve ter visto, diferentes religiões, inclusive o cristianismo, ensinam que Deus criou o homem. Se Deus criou o homem, uma parte de Deus reside em cada ser humano, e esse é um fato imutável.

Mas, o que é Deus? Deus é luz. Deus é a própria luz, e uma parte dessa luz reside dentro de você; portanto, tenha mais confiança em si mesmo. Na verdade, o seu eu real é muito, muito mais forte do que você pensa. Você abriga em si muito mais potencial do que já se deu conta. Você tem uma grande força interior capaz de modificar a si próprio.

Se você se esforçar para mudar e quiser crescer cada vez mais, com o intuito de se aproximar de Deus, há criaturas no mundo espiritual, um mundo além deste, que vão tomar conta de você e orientá-lo. Você pode chamá-los de deuses, mas há muitos seres que vivem perto de Deus, conhecidos por diferentes nomes, como anjos, *tathagatas* ou *bodhisattvas**. São Espíritos Guias de Luz que sempre olham por você. E quando você descobre a luz de Deus dentro de si, eles

---

* O Céu está dividido em diferentes níveis. Quanto mais alta a dimensão, mais perto de Deus estão seus habitantes. Os *bodhisattvas* são Espíritos Divinos que residem na sétima dimensão do Céu. Trata-se de anjos de luz cujas principais características são o altruísmo e atitudes de compaixão para com os outros; como servos de Deus, trabalham na prática para levar a salvação às pessoas. Os *tathagatas* são Espíritos Divinos que habitam a oitava dimensão celestial. Seu poder e a força de sua compaixão superam os dos *bodhisattvas*. Sua principal função é explicar ensinamentos baseados nas Verdades de Deus, além de conduzir e orientar outros anjos e as pessoas na Terra. Os *tathagatas* são seres que transcenderam a condição humana e repousam junto a Deus. (N. do A.)

comemoram dizendo: "Enfim você despertou!"; "O momento finalmente chegou!"; "Você por fim despertou para o seu verdadeiro valor". Saiba que essas criaturas, vivendo em um mundo invisível aos olhos físicos humanos, celebram alegremente o fato de você enfim ter despertado para a sua missão na vida e poder iniciar o trabalho que lhe cabe cumprir.

Eu também vim para a Terra de um lugar no Céu muito distante da superfície deste planeta. E vim com uma grande missão em mãos: divulgar as Verdades. Acredito que a minha vida não é de fato minha. A totalidade dela, nada menos do que 100%, está baseada nos desígnios de Deus. E creio firmemente que sou a própria luz que brilha sobre a Terra.

Uma miríade de pessoas com certeza seguirá o caminho que eu percorro, pois meus pés pavimentarão para elas o caminho da felicidade. As dificuldades que já enfrentei na vida não têm importância, porque fico feliz em saber que muita gente seguirá o caminho que indiquei. Fico muito contente em saber que estou fazendo os outros felizes. Não se trata só de mim, isso vale para cada pessoa.

Na verdade, você nunca alcançará a felicidade se procurá-la somente para si. Aqueles que buscam a felicidade individual só pensam em receber o amor das pessoas ao redor, em atrair o amor delas para si. Creem que o amor é algo que deve ser arrancado das pessoas, e que elas têm obrigação de fornecê-lo. Depois, quando se sentem insatisfeitos com o que conseguiram, quando acham que não receberam o amor e a felicidade que mereciam, toda a insatisfação se transforma em ressentimento contra a sociedade ou em ódio pelo mundo inteiro. E acabam descarregando sua frustração e descontentamento nos outros. Em alguns casos, seu ressentimento é tão grande que resulta em crimes contra a sociedade e agressões àqueles que vivem ao seu redor.

Essas pessoas creem que o amor é algo a ser suprido pelos outros. Bem lá no fundo, acham que as pessoas que as cercam têm a obrigação de fazê-las felizes. Mas de jeito nenhum deveria ser assim. Nós é que temos o dever de levar a felicidade *aos outros*. Nós é que temos o nobre dever de amar o próximo. E justamente porque temos o nobre dever de dar alegria aos demais, temos não só o direito de encontrar a *nossa* felicidade como também a *responsabilidade* de fazê-lo.

As pessoas mais felizes são aquelas que têm certeza de que a felicidade individual sempre caminha junto com a felicidade alheia. Num mundo em que muitos só pensam em tirar proveito do próximo, há quem viva e trabalhe empenhado em dar ainda mais amor e felicidade aos que o cercam. Os que vivem nessa felicidade e segundo essa crença são a luz que ilumina o mundo. Você é a luz do mundo. Essa luz provém de Deus, e isso significa que uma parte da luz divina mora dentro de cada pessoa. Viva com o desejo intenso de disseminar a felicidade entre as pessoas e leve a vida com base no ato de dar amor. Assim, você certamente verá o caminho da própria felicidade abrir-se à sua frente.

Mesmo os países que hoje sofrem com a pobreza e a criminalidade podem se tornar o centro do mundo em uma ou duas gerações. O Brasil ainda passa por essa situação, mas tem um futuro promissor. Os Estados Unidos tiveram sua idade de ouro. O Japão teve um período de prosperidade. Hoje, a China está aumentando rapidamente sua força e se tornando uma superpotência. A Índia é a próxima a se tornar uma potência mundial e, segundo certas previsões econômicas, vai superar a China em 2050. Por último, prevê-se que o Brasil será o país seguinte a emergir como potência mundial.

Minha peregrinação pelo mundo não se limita a falar somente para aqueles que estão vivos hoje. Em cada país visitado, procuro plantar sementes de esperança para as futuras gerações, aquelas que ainda não nasceram; plantar as sementes que ajudarão o país a se tornar um facho de luz para o mundo inteiro. Um futuro inundado de luz com certeza chegará. Sim, talvez os brasileiros tenham de lutar contra a pobreza, os problemas de uma economia turbulenta, o sofrimento e as provações de uma doença, ou encarar um futuro que não lhes dê espaço. Mas nunca devem se esquecer de que contam com a sorte e a felicidade de terem nascido em uma potência emergente. O trabalho que fazem hoje se tornará um evangelho maravilhoso para as gerações vindouras, pois plantam as sementes da esperança no futuro.

Espero, sinceramente, que cada pessoa venha a ser praticante da felicidade pelo bem daqueles que estão por vir. Por favor, seja o símbolo vivo da felicidade de Deus. Para tanto, a primeira coisa que precisa saber é que cabe a *você* escolher entre a felicidade e a infelicidade.

Sua alma é o seu verdadeiro eu

Tenho explorado e estudado o mundo espiritual nos últimos trinta anos. Embora muitos de meus livros ainda não tenham sido traduzidos para o português, publiquei mais de seiscentos livros em japonês e também ministrei mais de 1.400 palestras. Continuo oferecendo novos ensinamentos e guiando multidões pelo caminho da felicidade. Uma coisa importante que eu gostaria que você soubesse é que o mundo espiritual – que inclui o Céu e o Inferno – realmente existe. Não há dúvida quanto a essa Verdade.

Quando você morre, retorna para o mundo espiritual. Mas você pode levar apenas sua mente, a parte essencial de sua alma, para o mundo espiritual. Não é possível levar mais nada consigo. Os bens materiais adquiridos na Terra – sua casa, dinheiro, roupas e até mesmo as conquistas acadêmicas e o status terreno –, tudo isso é insubstancial perante a morte. Seu corpo espiritual, que mora dentro de seu corpo físico, é o seu "eu real". Uma vez que parte da luz divina reside dentro de cada pessoa, isso significa que sua alma é seu verdadeiro eu. Por favor, abrace com força essa Verdade.

Quando retornar para o mundo espiritual, você será avaliado pela clareza, pureza, beleza e riqueza da sua mente. Quando cruzar os portões do Céu, a única coisa que terá para mostrar será sua mente. Procure aprofundar ao máximo sua fé nessa verdade e compreendê-la.

Uma vez que a mente é o único bem que você leva consigo para o outro mundo, tudo o que você vivencia neste mundo é instrumento que ajuda a purificar, lustrar e polir sua mente. Esse é o único propósito da vida.

Ninguém consegue evitar completamente as dificuldades, as adversidades, os contratempos, os relacionamentos rompidos e os fatos que causam grande tristeza. Mas o essencial é encarar esses eventos e experiências como oportunidades para polir a mente, para lhe dar brilho. Algumas pessoas ficam remoendo a mágoa e a dor que outros lhes causaram. Algumas passam a vida toda apenas planejando vingança. Mas viver assim é um grande erro. Este mundo é o lugar certo para você adquirir todos os tipos de experiência. Significa uma oportunidade para cultivar um coração rico, íntegro e bonito.

A fé lhe dá força

Você vai enfrentar momentos, na vida, em que se sentirá perdido e sem saber que decisão tomar. Este mundo está repleto de tentações que só ajudam a aumentar a confusão. Quando se sentir perdido na vida e não souber que rumo tomar, apele sempre para a fé; escolha sempre a fé. Por favor, tome a decisão de viver unicamente pela fé.

Quem escolhe a fé não é de modo algum fraco. Na verdade, ao escolher a fé você prova que tem coragem. É preciso muita coragem para acreditar em algo completamente invisível e dedicar sua vida a valores imperceptíveis aos olhos. As pessoas de fé não são fracas; são destemidas e fortes, e Deus realmente as ama. Deus espera muito delas. Saiba que, sem fé, você não conseguirá transpor o muro que se ergue entre este mundo e o outro.

Quase trinta anos se passaram desde que comecei a explorar as Verdades. Durante esse tempo, recebi muitas mensagens de centenas de Espíritos Guias que vivem no Céu. No entanto, tudo nesses trinta anos se mostrou coerente, e meus ensinamentos têm se baseado no que foi discutido aqui.

Neste capítulo, comentei a forma mais autêntica da ciência. Ciência é a mente exploradora, a mente que jamais nega o desconhecido e que o procura permanentemente. Procurar o desconhecido *não* significa desafiar a era do conhecimento em que hoje vivemos. Pelo contrário, refiro-me à ciência do futuro, à ciência da felicidade, à ciência do mundo espiritual. Ciência que abrange o místico.

Espero, de todo o coração, que o Brasil continue a progredir no futuro.

Capítulo 2

DESPERTE SUA ALMA PARA AS
VERDADES DE DEUS

Acreditar no mundo espiritual é o início da iluminação

Depois das palestras que costumo ministrar nos templos espalhados pelo mundo, peço ao público que responda a um questionário. Fico sempre agradavelmente surpreso ao ver como os ouvintes são perspicazes e quantos temas importantes para futuros debates surgem a partir de suas perguntas e respostas. Percebi que, independentemente de onde vivam, os seres humanos procuram e se interessam pelas mesmas coisas. Para a minha grande satisfação, constatei pela leitura das folhas do questionário que os meus ensinamentos tocaram o coração de muitos, e que de fato eles têm o poder de salvar pessoas.

Seja qual for o local que habitem no planeta, as pessoas precisam preencher certos requisitos para se tornarem dignas de fazer parte da humanidade.

Há alguns critérios que fazem dos seres humanos o que são, e pelos quais eles têm de se orientar para continuar existindo como parte da raça humana. Eles podem ser resumidos como "uma consciência das Verdades de Deus". Mas o que isso significa? Em pequena escala, refere-se à consciência espiritual de cada indivíduo quanto às Verdades do mundo e sobre quem realmente ele é. Trata-se do processo de iluminação de cada pessoa. De uma perspectiva mais ampla, no entanto, também se refere ao primeiro passo rumo à iluminação que é comum a toda a humanidade. Esse é justamente o tema central deste capítulo: os critérios para despertar sua alma para estas Verdades espirituais universais.

O primeiro passo para a iluminação é perceber que existe um mundo espiritual muito maior além deste mundo, envolvendo e abrangendo a Terra. É essencial a todos compreender que o verdadeiro mundo existe muito além deste em que vivemos agora. Saber que esse outro mundo existe nos faz perceber que Deus também deve existir. O mundo que existe além deste aqui é o nosso verdadeiro lar, ao qual todos retornaremos após a morte. A partir dessa Verdade, as pessoas descobrem que a Terra é um lugar onde a alma passa por um treinamento ou uma espécie de disciplina.

É essencial que os seres humanos modernos conheçam e entendam essas Verdades simples e básicas. Todas as pessoas, não importa o lugar onde vivam na Terra, deveriam despertar para estas Verdades espirituais. O mundo atual cresceu e progrediu muito desde a época das antigas civilizações. No entanto, apesar do avanço que conseguimos no campo da ciência e da tecnologia, as pessoas perderam de vista as verdades mais simples, porém essenciais, pelas quais devemos nos guiar. Vivemos numa época em que helicópteros cruzam frequentemente o nosso céu, mas isso de modo algum implica que as verdades fundamentais deste mundo tenham mudado.

Meus esclarecimentos sobre o mundo espiritual

Comecei a ensinar há quase trinta anos, quando recebi mensagens espirituais do reino celestial por meio da psicografia. A seguir, os espíritos começaram a usar minhas cordas vocais para falar por meu intermédio. Depois disso, minha iluminação chegou a um estado mais elevado, e pude começar a ensinar as Leis do universo com base no meu próprio nível de consciência.

Somente em 2010 ministrei mais de duzentas palestras, e o meu senso de autoidentidade e de dever para cumprir a minha vocação de líder religioso e salvador começou a tomar forma real. Sempre peço aos meus discípulos que divulguem a Verdade até os confins do mundo, mas eu mesmo tenho colocado isso em prática ensinando as Verdades em toda parte. Meu objetivo é levar a salvação não apenas para os japoneses; meu maior desejo é divulgar as Verdades em todas as partes do mundo.

Em uma vida anterior, há 2.500 anos, eu chegava ao fim de uma existência de oitenta anos quando prometi renascer 2.500 anos depois para voltar a pregar as Verdades em um país da Ásia oriental. Em 1956, exatos 2.500 anos após a passagem do Buda Shakyamuni para o outro mundo, eu nasci no Japão. Aquele foi um ano significativo, pois muitos países asiáticos comemoraram o 2.500º aniversário do retorno do Buda Shakyamuni ao Céu. Cumpri a promessa de nascer no Japão e prossegui até alcançar a iluminação aos 24 anos de idade. Então, aos 30, comecei a desenvolver atividades para criar um movimento religioso que propagasse as Verdades.

Lembre-se, por favor, de que eu envio uma parte de mim à Terra somente uma vez a cada 3.000 anos; portanto, os ensinamentos que ofereço às pessoas na

Terra devem durar 3.000 anos. É com esse senso de dever que ofereço as Verdades universais, que contêm os princípios para guiar você em direção ao caminho da felicidade. Esses princípios são ensinados de forma simples e descomplicada, para trazer iluminação ao maior número possível de pessoas.

Muitos Espíritos Divinos nobres, que vivem nas mais altas esferas celestiais do mundo espiritual, procuram constantemente enviar ensinamentos às pessoas na Terra. Essas Verdades são entregues para transmissão a uma pessoa ou a um grupo de pessoas escolhidas. É assim que, desde o início da história da humanidade, as Verdades de Deus vêm sendo continuamente ensinadas aos seres humanos. E é exatamente isso que ocorre agora. Por meio dos meus ensinamentos, um vasto número de Espíritos Divinos revelou aqui sua mensagem única.

Sou especialista no mundo espiritual e nas Verdades espirituais. Como mestre desse mundo invisível, quero lhe oferecer ensinamentos e princípios que podem conduzir você a um mundo de felicidade na próxima vida. Neste capítulo, escolhi um ensinamento baseado no budismo. No capítulo 3, vou abordar ensinamentos que são semelhantes aos do cristianismo.

O caminho para o Céu começa pela fé

Uma parte essencial desse movimento é o fato de que nossa felicidade ou infelicidade é decidida, em última instância, quando deixamos este mundo e voltamos para o outro mundo. O primeiro passo rumo à iluminação é saber que o mundo espiritual existe de fato, e que sua viagem de volta ao mundo original começa agora. O segundo ponto importante a destacar é que você precisa refletir sobre sua vida e ver se ela, e a maneira como a tem conduzido até agora, está sintonizada com o Céu ou direcionada para os mundos do Inferno. Você pode examinar sua vida e perceber, por conta própria, a diferença entre ambos. O critério básico para a distinção é o seguinte: todas as pessoas que vão retornar ao Céu partilham características comuns muito claras. A primeira e a mais importante dessas características é a fé correta. Quem não tem a fé correta ainda precisa amadurecer plenamente como ser humano, porque a fé é uma das condições para que um indivíduo seja completo. Os animais não têm fé. Mas nós, como membros da raça humana, e sobretudo aqueles de nós que pretendem ser nobres, devemos ter a fé correta.

Mas o que significa fé correta? Os Princípios da Felicidade, que comentarei a seguir, fazem parte dessa fé correta. Esses quatro princípios, que em conjunto chamei de Quatro Corretos Caminhos, são os responsáveis pela obtenção da felicidade humana.

Os Quatro Corretos Caminhos –
um guia para a felicidade espiritual

Nos Quatro Corretos Caminhos, os Princípios da Felicidade são: o amor, o conhecimento, a autorreflexão e o desenvolvimento. O primeiro princípio é o do amor.

AMOR

Em geral, as pessoas tendem a cobiçar o amor. Elas procuram, para si mesmas, o amor que vem dos outros. Entretanto, isso não conduz ao Céu. Para retornar ao Céu você não deve ir em busca de receber amor, mas fazer exatamente o contrário. Você deve ser um doador de amor. O caminho para o Céu é encontrado quando você dá seu amor aos outros sem nenhuma consideração prévia ou expectativa de ganhos ou perdas pessoais. Dessa maneira, podemos amar nossos irmãos e irmãs que vivem conosco na mesma época. Então, o que é amar?

Reconhecer a beleza na outra pessoa.

Reconhecer que os outros também têm o direito de encontrar a felicidade.

Incentivar os outros a levarem uma vida esplêndida, e não só voltada para si próprios.

Sentir alegria ao ver outra pessoa encontrar a felicidade, começar a prosperar ou entrar no caminho certo.

Esse é o Princípio do Amor.

CONHECIMENTO

O segundo princípio é o conhecimento. O princípio do conhecimento, hoje, inclui compreender as diversas visões de mundo que existem em nossa era moderna. Porém, a parte mais essencial e determinante desse princípio é o conhecimento que pode elevar sua consciência e compreensão acerca da relação entre este mundo e o outro. Conhecer significa adquirir uma perspectiva correta da vida, um entendimento espiritual preciso do sentido da vida, que é a única coisa que você vai poder levar consigo para o outro mundo ao morrer.

É por isso que você precisa viver com uma perspectiva espiritual da vida. Isso é o que indica este princípio. Todas as pessoas têm muito que fazer diariamente para ganhar a vida neste mundo. Temos emprego, família para cuidar e diversas outras obrigações que nos mantêm ocupados. Apesar disso, não devemos permitir que as agitações do cotidiano nos absorvam por completo. Não devemos perder de vista que somos seres espirituais e que, inevitavelmente, chegará para todos nós o dia de deixar este mundo e viajar para o próximo.

Para você viver com uma perspectiva espiritual da vida basta olhar para o seu próprio estado de ser do modo como Deus faria por meio dos olhos Dele. Veja, todo dia, se Ele aprovaria seu estilo de vida.

O Princípio do Conhecimento se refere ao poder que surge quando você está imbuído na prática diária de examinar sua vida. Também está relacionado ao poder que você obtém quando acumula as experiências e o conhecimento adquiridos até então e os transforma em sabedoria para viver uma vida maravilhosa na Terra. Você pode encontrar pistas para essa sabedoria, por exemplo, nas palavras que os Espíritos Divinos celestiais têm enviado por meu intermédio em suas mensagens espirituais. Também nas minhas palestras há dicas para ter uma vida melhor. Essencialmente, o Princípio do Conhecimento significa tentar viver como se os seus olhos fossem os de Deus, e conduzir uma vida que Ele aprovaria.

AUTORREFLEXÃO

O terceiro princípio é o Princípio da Autorreflexão. Tenho observado que, geralmente, as doutrinas cristãs não oferecem ensinamentos consistentes sobre autorreflexão. Nas igrejas católicas, os confessionários dão às pessoas a oportunidade de confessar seus pecados e pedir perdão a Deus. Em comparação, a Happy Science ensina que nós temos a capacidade interior de refletir, à luz das Verdades, sobre os nossos pensamentos e atos, e que nós, sozinhos, temos o poder de determinar se eles estão certos ou errados.

O objetivo desta prática de autorreflexão não é simplesmente se condenar pelos erros cometidos. Longe de ser a autocondenação, o verdadeiro objetivo da autorreflexão é alcançar a felicidade. Ainda que não de forma visível, tudo o que você já viveu na vida – inclusive todos os pensamentos que já teve e todas as coisas que já fez –, está registrado na sua mente.

Quando deixar este mundo e seguir para o próximo, sua vida lhe será mostrada como num filme de cinema. Muitos parentes próximos e amigos íntimos estarão presentes. Seus mentores, pais, amigos e ex-professores virão assistir ao filme sobre sua vida, compactado em uma ou duas horas. Eles vão ver o filme junto com você para ajudá-lo a descobrir os acertos e as falhas da sua vida. Ao terminar de assistir ao filme, você será capaz de julgar por si só. Observar as reações do resto da plateia também vai ajudá-lo a julgar se a sua vida foi certa ou errada; se foi um sucesso ou um fracasso. Então, você decidirá por si mesmo se vai para o Céu ou para o Inferno, e escolherá o rumo mais adequado.

Há muitos caminhos no Céu, mas também há muitos caminhos no Inferno. Você irá para o lugar que lhe oferecer o mais adequado treinamento para a alma. Por exemplo, aquele que mata, fere e prejudica os outros precisará pegar o caminho da autorreflexão na próxima vida. Irá para uma esfera onde encontrará outros como ele. Passará a viver com aqueles que, por exemplo, mataram muitas pessoas. Vivendo nesse meio, começará a ver o próprio reflexo nos outros, como se estivesse se olhando no espelho. E, vendo outras pessoas iguais a ele, começará a enxergar sua própria feiura interior refletida.

Assim, após a morte, nós vamos para um mundo que representa a característica mais forte da nossa alma, e lá ficamos em companhia de outras almas com as mesmas tendências. Por isso, é importante a pessoa estudar as Verdades de Deus e praticar a autorreflexão enquanto ainda está vivendo neste planeta, porque este é de fato o princípio da salvação.

Você tem o poder de se salvar, só precisa reservar um tempo para aprender as Verdades de Deus e refletir sobre a sua vida com base nesse conhecimento. Se fizer isso durante sua permanência na Terra, talvez não tenha de fazê-lo no outro mundo. Além disso, os anjos, *bodhisattvas* e *tathagatas* celestiais estão sempre dispostos a estender suas mãos auxiliadoras àqueles que se esforçam. As congregações de espíritos celestiais existem para ajudar as pessoas que perseveram em mudar a si mesmas, e esses espíritos certamente irão irradiar sua luz sobre você.

Por favor, saiba que raramente ocorre a salvação instantânea; não há salvação que chegue sem esforço da nossa parte. Você precisa se conscientizar dos próprios erros para encontrar a verdadeira salvação. Muitas religiões simplificam suas doutrinas para fazer com que a salvação pareça fácil e, com isso, poderem divulgar seus ensinamentos cada vez mais e com menos esforço. Entretanto, é importantíssimo que o indivíduo alcance toda a iluminação que conseguir acerca de sua verdadeira natureza divina, e determine para si mesmo como deve viver sob a luz dessa divindade interior. Esse é o ensinamento da autorreflexão, um ensinamento que concede a você o poder de se salvar.

À medida que você pratica a autorreflexão, os erros e pecados que cometeu até agora serão apagados. Não basta crer em Jesus para que seus pecados sejam perdoados ou apagados. Isso só acontecerá quando você se der conta dos erros cometidos e passar um tempo refletindo sobre eles e se arrependendo deles. A autorreflexão modifica os erros que ficaram gravados na sua mente. Então, quando você assistir ao filme da sua vida no outro mundo e o público vir suas cenas de autorreflexão cada vez que você tiver cometido erros, os espíritos na plateia ficarão emocionados, e você certamente ouvirá uma salva de palmas ecoar no ambiente. Eles lhe darão parabéns, com um suspiro de alívio. Este é o Princípio da Autorreflexão.

DESENVOLVIMENTO
O último princípio é o Princípio do Desenvolvimento. Ele nos ensina a não guardar só para nós a nossa iluminação ou a nossa felicidade. Pelo contrário, devemos nos esforçar para espalhar essa felicidade para o resto da sociedade, para o país e para outras partes do mundo. Este princípio nos estimula a ter sonhos e pensamentos positivos e construtivos, a fazer o possível para criar uma Utopia na Terra.

Se você se orientar por esses quatro princípios, estará a caminho do Céu na outra vida. Não se trata de encontrar salvação em um poder ou fonte exterior.

Você encontrará seu caminho para o Céu por meio dos esforços que fizer por conta própria. Por favor, mantenha esses quatro princípios no coração ao avançar pela vida afora. Nunca se esqueça de viver como se os seus olhos fossem os de Deus, e lembre-se de que, no fim, você empreenderá a viagem para a próxima vida.

Nós, seres humanos, temos o poder de mudar quem somos, de nos aperfeiçoar e fazer do nosso futuro algo cheio de grandes sonhos e ideais. Isso é o que nos torna filhos de Deus. Essa é a nossa "natureza divina". Talvez você encontre fragmentos do mal ou nuvens escuras pesando em sua mente. Mas bem lá no fundo reside a consciência de que você é filho de Deus. Portanto, desperte-a, e descubra o poder interior de salvar a si mesmo.

Ao atingir essa forma de iluminação, as pessoas conseguem se livrar dos maus espíritos que as vinham perturbando. Muita gente vê suas doenças curadas. Não sou eu que curo as doenças, tampouco sou eu que as livro dos maus espíritos. Você pode expulsar de si esses fragmentos de maldade fazendo com que sua mente brilhe de forma intensa.

Neste capítulo, abordei meus ensinamentos básicos: a exploração da Correta Mente e o método para colocá-la em prática, assim como os Quatro Corretos Caminhos do Amor, do Conhecimento, da Autorreflexão e do Desenvolvimento. Em resumo, esses são meus ensinamentos, a base da sabedoria que estou empenhado em propagar. Nesse sentido, o que foi analisado aqui é fundamental, inegavelmente valioso e universal para todas as pessoas da Terra. Procure aprimorar sua compreensão desses ensinamentos e compartilhe-os com os outros.

Capítulo 3

OS ANJOS DISSIPAM A ESCURIDÃO E ESPALHAM AMOR

A luz do Céu
se espalha pelo mundo

Neste capítulo, gostaria de tratar de um assunto em particular: o amor. Mais especificamente, queria falar sobre o coração de Deus e o coração dos anjos vistos pela perspectiva do Céu, não pela perspectiva deste mundo. Espero que isso consiga dar a você pelo menos um vislumbre do verdadeiro coração de Deus e dos anjos. Abordei esse tema em 1987, aos 31 anos, quando ministrei minha segunda palestra, para um público de mil pessoas. Intitulava-se "O princípio do amor". Recentemente, assisti de novo ao vídeo dessa palestra e constatei que grande parte do que eu disse duas décadas atrás se tornou realidade.

Eu previ muito claramente o que ocorreria no futuro. Nela, eu declarava que, dali a dez ou vinte anos, nosso movimento de criação da Utopia neste mundo se expandiria além das fronteiras e se espalharia pelo planeta, e que esse movimento transporia as fronteiras da filosofia religiosa e se tornaria uma onda capaz de envolver e mudar muitos aspectos da nossa sociedade. E, tal como previ, saí do Japão, cruzei o oceano, e agora estou agindo de acordo com minhas palavras e difundindo estes ensinamentos em todos os cantos do planeta.

Tenho me dedicado totalmente à propagação das Verdades de Deus. Sei que isso pode parecer um pouco extremo, mas eu não hesitaria em morrer por esta missão. Persisto em meus esforços a cada dia e vivo cada dia plenamente, por isso sei que, se hoje fosse o último dia da minha vida, iria morrer sem nenhum arrependimento.

Eu sirvo como voz, um porta-voz, para toda a luz, a sabedoria e o amor do Céu. Só posso descer à Terra uma vez a cada poucos milênios. Por isso, quero dar o devido valor a esta oportunidade. Quero divulgar as palavras das Verdades para o maior número possível de pessoas.

Há dois, três, quatro mil anos, quando nosso sistema de transporte ainda não havia se desenvolvido, era difícil propagar as Verdades. Hoje, no entanto, podemos voar para o outro lado da Terra em questão de horas. Nossos sistemas de comunicação espalham mensagens pelo mundo em segundos. Temos sorte de estarmos vivendo nesta época, pois agora a Verdade pode tocar mais pessoas do que era possível no passado.

Talvez o Japão pareça uma ilha minúscula escondida em um canto do mapa-múndi. Imagino que seja muito, muito difícil acreditar em ensinamentos vindos de uma ilha tão pequena. Embora eu tenha mais de seiscentos livros publicados em japonês – mais de cinquenta títulos só em 2010 –, apenas uma dezena de livros foi traduzida para o português. Leva muito tempo até que os ensinamentos cheguem aqui por causa da barreira da língua. Atualmente, existem grupos de seguidores meus em mais de setenta países. Sinceramente, sou muito grato aos brasileiros por terem conseguido, apesar dos poucos ensinamentos disponíveis, captar a essência das Verdades que transmiti até agora e entrar no caminho da fé.

Meu país natal, o Japão, fez grandes progressos em vários campos, entre os quais a tecnologia, a economia, as comunicações e a política. Infelizmente, porém, o Japão retrocedeu no sentido religioso, e muita gente vive hoje sem fé.

Diversos países dão grande importância à religião, mas às vezes as religiões praticadas nesses países ainda são imperfeitas, porque a maioria delas é incapaz de levar a felicidade verdadeira e duradoura às pessoas. Também creio que a questão que há atrás disso talvez seja uma interpretação errônea do significado do amor.

Elimine a inveja, raiz do ódio

Você sabe qual é o contrário de amor? Não é ódio, como a maioria das pessoas costuma pensar. Na verdade, o oposto de amor é inveja. Muita gente no mundo todo luta com essa questão. Se você observar com atenção, não é o ódio, mas sim a inveja, que geralmente separa amigos, dissolve famílias, rompe relacionamentos. A inveja tem raízes em algo muito fundamental, e possui aspectos perigosos e características vergonhosas.

Quando você sente inveja, ela não está direcionada a qualquer um indiscriminadamente; as únicas pessoas que despertam inveja são aquelas altamente qualificadas em sua área de interesse. Por exemplo, se você sonha em algum dia ser jogador de futebol profissional, talvez tenha inveja daqueles que demonstram mais habilidade do que você. Por outro lado, você provavelmente não invejaria um lutador de judô. Do mesmo modo, se o seu maior desejo for enriquecer, pode ser que sinta inveja de pessoas ricas e prósperas. Ou então, se você gostaria de estar em um relacionamento afetivo, é provável que sinta inveja daqueles que são bem-sucedidos nas suas conquistas românticas.

Para superar a inveja, então, o primeiro passo a ser dado é compreender que a inveja – o oposto absoluto do amor – faz parte de um mecanismo mental que tenta destruir seus ideais e a imagem ideal de si mesmo. No fundo do coração, no subconsciente, você quer ardentemente ser como aquela pessoa que despertou sua inveja; aquela pessoa *é* ou *tem* o que você deseja.

O problema é que, quando se manifesta, a inveja na verdade funciona como um obstáculo, impedindo que você se aproxime da sua meta. Isso ocorre quando você critica, menospreza e aponta os defeitos da pessoa que inveja. É muito importante que você seja sincero consigo mesmo e admita seu desejo de ser como a pessoa que lhe causou inveja. Esse reconhecimento vai ajudá-lo a acalmar esse sentimento dentro de si. Então, quando perceber que dominou a inveja, procure, em vez disso, abençoar essa pessoa.

Um coração que abençoa é um coração que afirma ou reconhece o que há de bom nos outros. É um coração que aspira alcançar um ideal e torce pela felicidade alheia. Enquanto conservar essa disposição mental, sua vida aos poucos será guiada rumo ao ideal que está buscando. Por exemplo, digamos que você seja uma pessoa apaixonada por seus estudos. Talvez esteja lutando com a inveja que sente de um colega que é um aluno brilhante. Mas não convém fazer um alvoroço sobre isso criticando a pessoa. Pelo contrário, procure elogiar seus esforços. Quando conseguir fazer isso, estará um ou até dois passos mais perto de obter o que aquela pessoa possui. Lembre-se de que a inveja é uma barreira aos seus sonhos, e só serve para negar seus ideais.

O principal alvo da inveja costuma ser a riqueza. Mesmo nos países cujas áreas urbanas aparentemente estão dando saltos enormes em termos de crescimento e progresso, a grande disparidade entre as classes econômicas continua sendo uma importante questão a ser abordada. Muita gente ainda vive na pobreza, um problema que os governos têm dificuldade para resolver. Um problema dificílimo de solucionar. Quando a inveja em relação aos ricos cresce muito, torna-se ódio. Quando o sentimento de ódio se expande ainda mais, transforma-se em agressão, levando a um aumento da criminalidade. Infelizmente, a conduta antissocial e os atos violentos contra a sociedade resultam na destruição dos sonhos e ideais, fecham o caminho da autorrealização.

Se você quer ser amigo de pessoas abastadas, precisa ter um coração capaz de abençoá-las. Os ricos abrem o coração para quem os felicita e mostra que deseja ser como eles. É assim que os ricos ficam amigos dos pobres e lhes ensinam a ter sucesso nos negócios. As pessoas querem travar amizade com quem as abençoa. Se você pretende transformar este mundo em um lugar melhor, cultive cuidadosamente um coração que deseje aumentar o número de pessoas felizes, não o número de infelizes. Por favor, lembre-se disso.

O primeiro anjo caído

Há muito tempo, Lúcifer era um dos sete arcanjos. No início era chamado de "anjo da sabedoria", "filho da aurora" ou "filho do amanhecer". Mas seu destino após a morte foi o Inferno, onde passou a ser conhecido como Satanás. A causa de sua queda foi a inveja que sentia de Deus. Originalmente, Lúcifer era um anjo bonito e reluzente, repleto de sabedoria. No entanto, não suportava o fato de que não poderia se tornar Deus, e não conseguiu reprimir sua inveja. Quando nasceu na Terra com o nome de Satanás, ele viveu com o coração repleto de cobiça pelo poder, ânsia pelos desejos mundanos e sede de domínio. Seu coração foi se enchendo de nuvens negras à medida que persistia no comportamento agressivo, e isso o impediu de retornar ao Céu. Lúcifer, o primeiro anjo caído, foi produto da inveja.

Na verdade, Deus era o ideal de Lúcifer. Este queria ser exatamente como Deus. Lúcifer deveria ter controlado sua inveja de Deus; deveria ter se empenhado em imitar as características, os atos e o coração divinos; deveria ter moldado seu eu ideal e se transformado na semelhança de Deus. Mas a inveja interferiu e causou sua queda ao Inferno. Quando Lúcifer se precipitou no Inferno, muitos outros sofreram com ele. Naquele tempo, já estava se desenvolvendo um Inferno raso, formado por almas que haviam praticado o mal quando vivas. Então, quando se tornou Satanás, o diabo do Inferno, o anjo caído declarou guerra ao Céu.

A guerra que travou foi a seguinte: ele descobriu que não poderia de forma alguma influenciar as almas que viviam no Céu. No entanto, percebeu que as vibrações dos habitantes da Terra eram muito mais próximas daquelas encontradas no Inferno do que das do Céu. Assim, sempre que encontrava pessoas neste mundo vivendo com as vibrações típicas do Inferno, ele enviava maus espíritos para possuí-las. Esses maus espíritos as seduziam para que adotassem um estilo de vida destrutivo, e, ao morrer, elas acabavam sendo atraídas diretamente para o Inferno. É assim que ele tem aumentado continuamente a população de almas no Inferno.

O Inferno é um lugar escuro, implacável e doloroso. Não há nada positivo nem maravilhoso nesse mundo. Para fugir da dor e do sofrimento, ainda que por pouco tempo, os espíritos do Inferno vêm a este mundo a fim de se apoderar de gente como eles, que abriga raiva, ódio e inveja no coração. Eles se apossam de pessoas com as mesmas tendências que eles, e, enquanto as estão possuindo, experimentam a sensação de estar vivos. Com esse objetivo, eles vêm ao mundo e se apoderam dos vivos, arruinando a vida destes, consequentemente.

Supere sua energia negativa

Todo mundo sente uma espécie de prazer, ainda que seja bem de leve, diante do infortúnio de outra pessoa. Ninguém pode dizer que nunca sorriu intimamente ou que nunca sentiu alívio ao ver alguém fracassar ou enfrentar uma adversidade. São exatamente esses os momentos que atraem os maus espíritos; esses momentos permitem que eles criem conexões com você. Seu sentimento de prazer com os fracassos ou infortúnios alheios torna-se uma âncora à qual os maus espíritos podem prender sua escada de corda e sair do Inferno. Eles vão ficar grudados em você, e talvez comecem a causar várias doenças. Podem destruir seus relacionamentos, arrastar seu emprego ou negócio para o buraco ou confundi-lo, levando sua vida para a ruína. Também tumultuam o ambiente doméstico criando discórdia no lar.

O ponto de partida de tudo isso é a inveja que se tem dos outros. Essa espiral negativa começa com o coração que sente prazer ao ver a infelicidade alheia, ou imagina que as agruras dos outros podem de algum modo diminuir seu sofrimento. São essas ideias patéticas que convidam os maus espíritos a se aproximarem de você. Mas, na verdade, não é difícil cortar a escada de corda que está presa a você e livrar-se dela. Basta ter compaixão e sentir simpatia pelos que fracassam. Basta ter o desejo verdadeiro de auxiliá-los. Quando vir outra pessoa ter sucesso ou encontrar a felicidade, participe de sua alegria e prazer. Os maus espíritos são incapazes de perturbá-lo quando você adota essa atitude.

Quando uma pessoa está possuída, fica com o corpo pesado e sempre se sente indisposta, adoentada. Se estiver constantemente possuída por maus espíritos, esse estado de depressão persiste, e tudo na vida parece sombrio e cinzento. Ela acha que o futuro é tenebroso; acredita que nada de bom lhe pode acontecer. Tanto o bem quanto o mal acontecem na vida de qualquer um, mas a pessoa nessas condições reage violentamente às coisas negativas e responde cada vez menos às coisas positivas. A única saída é romper esse círculo vicioso. Não deixe seu coração sintonizar com espíritos malignos do Inferno. Em vez disso, sintonize seu coração com Deus. Direcione sempre seu coração para o trabalho dos anjos.

Os anjos estão ao seu lado

Mesmo entre aqueles que têm fé, o número de pessoas que realmente viu Deus ou os anjos é reduzido. Os anjos estão sempre trabalhando, noite e dia, para auxiliar muita gente. Ajudam aqueles que lutam sob a possessão dos maus espíritos, tentando ensinar-lhes a preencher o coração de bondade para afastá-los do mal. Empenham-se em levá-los a travar amizade com pessoas capazes de guiá-los para a fé correta.

Os anjos trabalham assim diariamente, sem descanso. Mas você, provavelmente, não pode ver esses anjos. E, como não consegue vê-los, eles não recebem sua gratidão pelo trabalho que fazem todos os dias para salvá-lo. Como o trabalho deles é invisível aos seus olhos, a boa vontade com que eles envolvem você passa despercebida.

Ocasionalmente, você pode ver um anjo em sonho ou talvez ouça uma voz que seja de um anjo. Momentos como esses podem ocorrer quando você se submete a uma disciplina religiosa. Mas em 99% do tempo o trabalho diário dos anjos passa despercebido e não é reconhecido. Por isso, agradeça a Deus e aos anjos por meio de sua fé.

Os demônios não são páreo para Deus

O Inferno de fato existe, e o diabo continua em guerra com Deus, mas o domínio dos demônios se estende apenas a este mundo. Muita gente costuma pensar que o Céu e o Inferno, Deus e o diabo, são dicotomias – vistas como forças iguais e opostas. Mas, como citei nos livros *As leis do sol* e *As leis da eternidade*), as coisas não são assim.

O Céu e o Inferno não são mundos iguais. No outro mundo, o Céu é um lugar infinitamente maior do que o Inferno. O Inferno é apenas uma pequena parte do mundo espiritual, e se vincula unicamente ao mal neste mundo físico. Comparando-o com um rio, o Inferno é a sua foz, onde a água doce se mistura com a do mar, ao passo que o Céu ocupa toda a extensão das águas do rio. Há uma diferença enorme entre o poder e a força de ambos. Por favor, nunca se esqueça disso.

Nenhum diabo é páreo para Deus; acredite nisso. Deus e o diabo não são iguais. Nenhum diabo pode vencer a Deus, porque Deus é luz – uma irresistível abundância de luz. As trevas não podem conquistar a luz. As trevas só existem nos lugares em que a luz não brilha. As trevas não são uma existência real, porque, quando a luz brilha, elas desaparecem.

Se você acredita que as trevas realmente existem, está errado; seus olhos estão sendo enganados. Quando um lugar está escuro, é só porque algo está obstruindo a luz; para eliminar a escuridão e deixar a luz brilhar, basta remover a obstrução. A disciplina de remover essa obstrução chama-se fé. Também se chama disciplina religiosa, e requer o esforço diligente de cada um.

Nenhum mal pode subjugar a luz de Deus. Neste mundo, não há um só mal capaz de derrotar a luz. Tome como exemplo a luz do sol. É incrivelmente forte, e nada pode dominá-la. Sim, você poderia encobrir a luz solar e criar uma sombra. Você pode criar uma sombra simplesmente erguendo a mão. Mesmo uma fina folha de papel é capaz de bloquear o sol e projetar uma sombra sob si. Mas a sombra nunca se equipara à luz do sol. Esse conhecimento lhe dará a coragem fundamentada na fé.

Lembre-se: nenhum diabo pode desafiar Deus e vencê-Lo.

Torne-se um anjo de amor

Para salvar os 7 bilhões de pessoas que habitam a Terra, Deus possui inúmeros anjos trabalhando dia a dia, em Seu nome. Os anjos se empenham dia e noite sem descanso. Os espíritos celestiais não dormem; somente neste mundo existe a divisão em dia e noite. Não há noite no Céu.

Incontáveis hordas angelicais trabalham 24 horas por dia, 365 dias por ano, como servos de Deus, esforçando-se para diminuir a infelicidade e o sofrimento deste mundo. Eles procuram consolar os que sofrem e choram, mas também têm outro papel importante: fornecem orientação sólida àqueles que levam a infelicidade às pessoas e as arrastam para as trevas.

Os anjos são os emissários do amor divino. Mas amar não significa apenas ser bom o tempo todo. A bondade é o amor em sua forma mais básica. No entanto, corrigir os que estão errados também é amar. A justiça é uma manifestação do amor divino.

O amor de Deus pode assumir muitas formas na Terra. Líderes sábios e competentes podem servir como mensageiros do amor, mesmo que suas palavras às vezes pareçam severas. Mas essas palavras servem para ajudar você a se afastar do caminho do mal e da tristeza, e conduzi-lo para trilhar o caminho do bem e da felicidade. A sabedoria e orientação de um bom líder é outra forma de amor.

No início, comentei que o contrário do amor é a inveja, e não o ódio. A inveja foi o motivo pelo qual o arcanjo Lúcifer caiu no Inferno. Portanto, foi a inveja que levou o Inferno a se expandir. A inveja pode crescer rapidamente e se transformar em ódio e aversão, que se manifestam visivelmente como atos destrutivos do mal contra os demais. Mas lembre-se disto: um discípulo certa vez perguntou a Jesus: "Senhor, quantas vezes devo perdoar? Até sete vezes?". Ele respondeu: "Não te digo até sete, mas até setenta vezes sete". Jesus disse que devemos perdoar 490 vezes.

Talvez você tenha aversão por uma pessoa ou até mesmo chegue a odiá-la. Mas já conseguiu perdoá-la 490 vezes? Provavelmente, não. Pois eu afirmo que é preciso fazer muito mais do que isso. Dê amor quando for recebido com ódio. Varra o ódio para longe com um grande rio de amor. Que a torrente arrasadora da sua boa vontade e do seu amor vença os córregos do ódio, da raiva e da inveja que tentam se infiltrar. Esta é uma condição que todo país precisa cumprir para criar um futuro repleto de esperança.

O verdadeiro amor traz esperança.
A verdadeira esperança traz prosperidade.
A verdadeira prosperidade traz liberdade.
A verdadeira liberdade ensina o que é a Verdade.
Torne-se um filho da Verdade.
Torne-se um filho da esperança.
Torne-se um filho da prosperidade.
Torne-se um filho do bem.

E, acima de tudo, torne-se um filho de Deus. Essa é a minha esperança mais forte e sincera. Qual é o caminho que você deve procurar como filho de Deus?

Seja um desses anjos que jamais hesitam em seu esforço diário de ajudar a purificar este mundo e levá-lo à Utopia. Tenho viajado milhares de quilômetros pelo mundo para dar minhas palestras. E continuo firme em meu propósito porque gostaria que todas as pessoas se tornassem anjos. Gostaria que elas realizassem o mesmo trabalho feito pelos anjos na Terra. O trabalho que você fizer aqui na Terra valerá dez vezes mais do que o efetuado no mundo espiritual.

> Você não enxerga o Céu.
> Não enxerga Deus.
> Não enxerga o Inferno.

Mas, se você continuar caminhando em direção a Deus e ao mundo celestial invisível tendo a fé como seu único guia, *você* vai se tornar um anjo. Vou rezar, de todo o coração, para que você continue a aperfeiçoar sua sabedoria e se empenhe diariamente para atingir esse objetivo.

Capítulo 4

O PENSAMENTO VENCEDOR PODE TRANSFORMAR DIFICULDADES EM SUCESSO

O sucesso da Happy Science

Em novembro de 2010, a *Diamond Weekly*, uma revista japonesa de economia altamente conceituada, publicou um artigo enorme sobre as novas religiões no Japão. Mais da metade da matéria tratava da Happy Science. De acordo com o artigo, a Happy Science figurou como a religião número 1 no Japão por dois anos consecutivos: 2009 e 2010. A revista fez uma análise minuciosa da Happy Science e pesquisou-a cuidadosamente de numerosos pontos de vista.

Outras religiões novas têm tido sucesso no exterior – a exemplo da Seicho-no-ie e da Sekai Kyusei-kyo no Brasil –, mas no Japão a Happy Science supera-as em tamanho cerca de quinze vezes, segundo a *Diamond Weekly*. Isso não é surpreendente? O artigo também afirma que a Happy Science já atraiu aproximadamente 11 milhões de membros no Japão e 1 milhão no exterior. Na verdade, temos mais adeptos do que foi publicado. Mas a revista destaca que a Happy Science é uma religião muito poderosa e a que mais chama a atenção no Japão atualmente.

Talvez você pense que se trata de uma religião nova, que acaba de começar e está se espalhando lentamente, mas 80% da população japonesa conhece a Happy Science e suas atividades. Se você perguntar a uma pessoa qualquer no Japão quem é Ryuho Okawa, verá que quase todo mundo me conhece. Agora iniciei minhas viagens pelo mundo para conhecer novas pessoas. Assim, meus ensinamentos também serão difundidos internacionalmente, em ritmo acelerado.

Embora isso não constasse da análise da *Diamond Weekly*, a Happy Science é, igualmente, a mais obstinada das religiões japonesas. Temos opiniões firmes sobre o governo, a economia e a política, e sobre o mundo e como ele deve ser. Temos uma posição clara e podemos propor nossos pontos de vista ao público. Nenhuma outra religião expressou suas opiniões sobre questões atuais da sociedade de uma forma tão firme como fizemos. Ao mesmo tempo, porém, a Happy Science é muito conhecida pela profundidade de seu nível de espiritualidade.

Talvez a Happy Science receba críticas no futuro, mas o fato é que acumulamos muitas realizações em apenas um quarto de século. E a sociedade está começando a reconhecê-las. Nesses 25 anos, não cessei de produzir *best-sellers*, fazendo com que o nome da Happy Science ficasse conhecido em toda a sociedade. Publiquei mais de seiscentos títulos, muitos dos quais já traduzidos para vários idiomas. Um dos meus primeiros livros continua a ser lido até hoje, e está disponível em várias línguas. Escrevi *As leis da eternidade* antes que a Happy Science se estabelecesse como religião, numa época em que quase não tínhamos adeptos. Agora, ele já foi traduzido para o português e para outros idiomas. Chegou a virar filme e parece ser um grande sucesso no Brasil.

Os títulos *As leis do sol*, *As leis da eternidade* e *As leis douradas* compõem uma trilogia, as três doutrinas básicas da Happy Science. Eles foram escritos quando eu tinha 30 anos, na época em que estava fundando a Happy Science. Esses livros, agora disponíveis em vários idiomas, formam o arcabouço fundamental dos meus ensinamentos e da Happy Science como um todo, e, embora tenham vinte anos, seu conteúdo continua sendo relevante.

O *Pensamento vencedor* foi publicado quando eu estava com 32 anos, e a organização só tinha dois anos de existência. Trata-se de uma compilação de quatro seminários que eu dirigia toda semana para cerca de mil pessoas. Durante o primeiro ano de publicação, foram vendidos mais de 2 milhões de exemplares no Japão. Ele figurou na lista de *best-sellers* de um grande jornal, famoso por sua alta qualidade. Até então, o público tendia a rejeitar os livros religiosos. Contudo, como o livro despertou o interesse de um jornal importante e foi resenhado, ficou famoso no país. Com essa obra, nosso trabalho passou a ser reconhecido em âmbito nacional.

O livro é de fato poderoso. Internacionalmente, as pessoas venceram diferenças religiosas, filosóficas e de crença para estudar muitos de meus livros, o que me deixa genuinamente feliz. No caso do *Pensamento vencedor*, até em países que costumam ser ateus ou materialistas, onde as pessoas não acreditam particularmente em Deus nem em Buda, ele teve boa recepção. Na China, por exemplo, a versão chinesa foi bem aceita, e muitos seguidores o estão estudando.

A CRENÇA NA ALMA TORNA SEU PENSAMENTO VENCEDOR

O pensamento vencedor não trata simplesmente de assumir o tempo todo uma perspectiva otimista. Tampouco é um modo de pensar baseado em uma perspectiva negativa, como a crença cristã no "pecado original".

Embora isso possa incomodar os católicos, que acreditam que os seres humanos nascem em pecado, o pensamento vencedor se baseia numa filosofia diferente.

O pensamento vencedor acredita que os seres humanos são essencialmente almas que habitam corpos humanos enquanto vivem na Terra. O mundo tridimensional em que vivemos atualmente não é o mundo real. O mundo real consiste nas mais altas esferas dimensionais do Céu, começando na quarta e estendendo-se até a nona dimensão. Na essência, você é uma alma que habitava o mundo espiritual e hoje vive na Terra.

É muito fácil não acreditar na existência do mundo espiritual. Mas lembre-se: não há ninguém, nem uma única pessoa na história da humanidade, que tenha sido capaz de provar que o mundo espiritual não existe. Por outro lado, são incontáveis os que tentam provar e explicar o outro mundo. Em todo este planeta e em todas as épocas, milhares de líderes religiosos, filósofos, pensadores e moralistas têm falado sobre o outro mundo e a nossa alma. Essas pessoas merecem nossa atenção e nosso respeito. É injusto ignorar os esforços delas somente porque você decidiu que não acredita no mundo espiritual. Por favor, reconheça o trabalho que deixaram e tenha humildade para dar ouvidos às suas palavras.

Muitas pessoas pelo mundo acreditam no mundo espiritual ou têm teorias próprias a respeito dele. *O livro dos espíritos*, do francês Allan Kardec, é muito conhecido no Brasil, assim como Chico Xavier, um médium mineiro falecido em 2002. Diziam que ele tinha o dom de deixar que os espíritos guiassem sua mão quando queriam transmitir mensagens escritas, e de ouvir a voz dos espíritos, além de ver e ouvir uma pessoa chamada Emmanuel, uma espécie de guia espiritual. O filme baseado na sua vida ganhou notoriedade.

Quando visitei o Brasil em novembro de 2010, falei com o espírito de Chico Xavier, mas só faz oito anos que esse médium faleceu, e ele parece ainda não ter compreendido plenamente o mundo espiritual. Eu comprei alguns livros dele, chamei seu espírito na presença de alguns membros da minha equipe e conversei com ele. Embora ainda não esteja no nível de iluminação esperado, achei que ele era originalmente do reino dos *bodhisattvas* na sétima dimensão. Atualmente ele se encontra no estágio de tentar compreender melhor o outro mundo e organizar suas ideias. Falei com ele em um antigo dialeto da região de Damasco, perto do lugar em que ficava a Roma antiga, e Chico Xavier respondeu no mesmo idioma. Quando conversamos sobre reencarnação, ele pareceu resistente ao conceito, mesmo sendo agora um espírito*.

Muitas pessoas como ele, ao redor do globo, vêm transmitindo as palavras de espíritos do outro mundo. Eu sou uma dessas pessoas; por muitos anos tenho provado a existência do mundo espiritual e dos Espíritos Divinos por meio da publicação de numerosas mensagens espirituais. Somente em 2010 lancei mais de cinquenta livros que foram comercializados em livrarias. Desses, 42 são mensagens de 93 espíritos diferentes, pu-

---

* Para uma melhor compreensão do ciclo reencarnatório, sugerimos a leitura de *As leis do sol* e *As leis da eternidade*, de Ryuho Okawa. (N. do A.)

blicadas com o objetivo de provar a existência do outro mundo. São palavras e mensagens de espíritos superiores do Céu e alguns do Inferno, inclusive Satanás.

As mensagens diferem entre si em conteúdo. Cada mensagem é única, demonstrando que cada uma provém de uma personalidade diferente. Assim, estou provando que o mundo espiritual existe. Eu fazia isso no passado, muitos anos atrás, mas parei porque a variedade e as diferenças encontradas nas mensagens tornavam meus ensinamentos confusos e difíceis de entender. Passei a me concentrar em publicar livros teóricos baseados nas minhas observações. Com o tempo, porém, notei que o número de pessoas que não acreditam no mundo espiritual tornou a crescer, por isso, neste ano, retomei a publicação de mensagens espirituais.

Este mundo é
uma escola para a sua alma

Para quem acredita que o mundo físico é o mundo verdadeiro, é fácil escolher entre a felicidade e a infelicidade. No entanto, se você sabe que a vida não se restringe a este mundo e que você vai retornar ao mundo espiritual situado muito além deste, então sabe que o principal propósito da vida na Terra é treinar a alma. À medida que o mundo se modifica e novas eras chegam e passam, você nasce de novo e de novo, com nome, nacionalidade, profissão e gênero diferentes para adquirir novas experiências a cada vez. Ao viver como uma pessoa completamente diferente, você está promovendo o crescimento de sua alma. Esse é o ponto de partida daquilo que constitui a vida.

Se você aceita a ideia de que o outro mundo existe e de que as pessoas retornam a ele quando morrem, pode perceber que este mundo é uma escola da alma e que tudo quanto você vivencia aqui tem a permissão de ocorrer em prol da sua educação. Se você pensa assim, não pode cometer o erro de responsabilizar seus pais ou a empresa em que trabalha por nenhuma circunstância infeliz em que se encontre. Sim, de fato as influências externas têm um forte impacto na nossa vida. A economia sofre grandes flutuações, e podem ocorrer várias mudanças sociais. Qualquer presidente está sujeito a cometer erros no governo e causar infortúnio, ou, se tiver sorte, desencadear uma recuperação. Não há como negar: as influências externas estão sempre presentes. Entretanto, seja qual for a situação, não esqueça que você é o único capaz de guiar sua mente.

Lembre-se: por mais turbulenta que esteja a correnteza do rio do destino, você é que tem o leme em suas mãos e conduz o navio. Talvez você erre no trabalho; pode ser que erre no amor; talvez você adoeça, ou seja reprovado em um exame. Em resposta às diferentes coisas que podem acontecer, talvez você se veja levado ao desespero, assuma um comportamento destrutivo ou se torne incapaz de acreditar em si e nos outros; talvez você sinta que perdeu a vontade de fazer qualquer coisa e ache que só há trevas no seu futuro. Mas é preciso acreditar firmemente que você é o único responsável por encarar sua vida desse modo.

Não culpe os outros
por sua infelicidade

Algumas religiões atribuem os infortúnios aos ancestrais da pessoa ou a espíritos malignos. Se você imputar qualquer desgraça que lhe sobrevenha ao "pecado original", por exemplo, aos pecados cometidos por seus ancestrais remotos, tão cedo você não será salvo. A noção de pecado original tem lá os seus méritos. Pode ser útil para fortalecer a fé ou levar as pessoas a refletirem sobre os seus erros e a se arrependerem. Mas o pecado original em si não basta para explicar tudo a respeito da pessoa que você é hoje.

Alguns dizem que o que leva você a ser infeliz agora é o fato de seus ancestrais estarem perdidos e sofrendo. Em certos casos, isso é possível. De fato, é bem possível que um antepassado que esteja sofrendo no Inferno queira possuir o seu descendente. Eu mesmo vi mais de um caso assim.

O fenômeno de ancestrais causando sofrimento aos descendentes de fato existe. Por exemplo, se você guardar muito rancor de alguém, poderá ficar sintonizado com um ancestral, no Inferno, que também está cheio de rancor ou ódio. Nessas circunstâncias, o antepassado é capaz de possuir o descendente por um período indefinido e de fazer com que ele adoeça, tenha prejuízo nos negócios ou cometa erros de julgamento.

No entanto, quero ressaltar que o mais importante para você determinar o curso da sua vida é corrigir sua própria mente. Uma lei do mundo espiritual estabelece que as vibrações espirituais do mesmo nível se atraem reciprocamente.

Dessa maneira, um espírito maligno só pode possuir uma pessoa na Terra que tenha pensamentos semelhantes aos dele. Se ela deixar de ter pensamentos ruins, ele não tem como possuí-la. Só consegue possuí-la se as vibrações forem do mesmo nível, se as ideias forem as mesmas na mente de ambos. A maneira de você se livrar dessas influências é mudar a estrutura da sua mente.

Uma mente iluminada pode sintonizar-se com o Céu

É possível, sim, ser salvo por uma força externa, mas cada indivíduo também pode se salvar dos maus espíritos polindo sua mente e fazendo-a reluzir cheia de luz. Essencialmente, você pode se livrar das influências ruins limpando e esfregando sua mente até que ela fique brilhante.

Quando sua mente começa a emitir luz depois da prática da autorreflexão e do aprimoramento, essa luz espiritual passa a brilhar na parte de trás da cabeça. É o que popularmente se chama aura. Não é à toa que, nas pinturas, os santos sempre aparecem com um halo dourado na cabeça. Acontece que, quando você se acha nesse estado e a aura dourada aparece, os maus espíritos não podem possuí-lo. Quem emite luz assim está conectado com o Céu.

Nesse estágio, você é capaz de receber luz do seu Espírito Guardião ou mesmo de Espíritos Guias e de anjos que são superiores ao seu Espírito Guardião. A luz vinda desses seres é muito quente, quentíssima; e você vai sentir todo peso, dor e fadiga desaparecer rapidamente.

Os reveses são as sementes do sucesso

Ora, qual é a essência do pensamento vencedor? É saber que este mundo é uma escola para sua instrução de toda a vida, que sua experiência mais valiosa é gerar resultados positivos não apenas a partir dos sucessos, mas também, e principalmente, a partir dos fracassos. Não subestime a importância de ver tudo como uma semente de algo positivo para o futuro.

Se você conseguir, comemore. Fique feliz. Congratule-se pelo sucesso conquistado e pelos esforços feitos para alcançar esse sucesso. Mas, em vez de ficar cheio de si, compartilhe essa alegria com os outros. Trabalhe continuamente para construir a humildade e não cair na armadilha do convencimento. Se sofrer um fracasso, saiba que dentro dele está guardada a semente do sucesso seguinte. Aceite isso como a vontade celestial, a vontade de Deus, e tente entender que você deve aprender com essa experiência. É muito importante encontrar a lição em seu fracasso.

Uma atitude mental positiva também pode ajudá-lo a construir um "eu" mais forte. Por exemplo, atualmente eu viajo para dar palestras em diferentes países, e isso é fisicamente extenuante. Às vezes, sinto o peso da diferença do fuso horário quando viajo para o outro lado do mundo, ou quando a palestra está marcada para começar no que seriam as primeiras horas do dia no Japão, fazendo-me sentir como se tivesse passado a noite em claro. Mas faço isso porque quero me encontrar com o máximo de pessoas possível. Superar as lutas e dificuldades sem arranjar desculpas é o caminho para ser vitorioso na vida. Não há derrota para quem vive assim. Uma disposição proativa e uma postura mental positiva só podem enriquecer sua vida. Se você assumir a atitude de transformar tudo o que encontra em material para se aprimorar e em semente do seu próprio crescimento, então você só deverá trilhar o caminho do sucesso.

Capítulo 5

ABRIR A PORTA PARA OS
MILAGRES

Uma onda de milagres

As nações cristãs ao redor do mundo provavelmente aceitam melhor a espiritualidade e as filosofias espirituais do que o Japão, minha terra natal. No Brasil, segundo pesquisa da Fundação Getúlio Vargas, quase 74% da população é católica e acredita em Jesus Cristo. No entanto, muitos cristãos reagem com incredulidade quando digo que Jesus Cristo é meu amigo. Para ser mais exato, eu o guiei do Céu quando ele esteve na Terra há 2 mil anos. Era eu que lhe enviava toda espécie de inspiração e orientação. Como agora sou eu que estou aqui embaixo, Jesus Cristo me envia muitas inspirações. Portanto, os católicos vão encontrar uma afinidade filosófica com meus ensinamentos.

O motivo é que os ensinamentos de Jesus Cristo constituem uns 30% de toda a doutrina da Happy Science. Embora também tenhamos ideias não cristãs, a Happy Science e o cristianismo têm muito em comum. Compartilhamos o ensinamento do amor e, mais recentemente, os diversos milagres que têm ocorrido no Japão e que são semelhantes aos milagres que Jesus Cristo operou. Por exemplo: um câncer foi curado; um crânio esmagado em um acidente de trânsito foi restaurado e voltou ao estado anterior sem ser submetido à cirurgia; e um tumor que precisava ser extraído cirurgicamente desapareceu quando a pessoa fez uma pergunta e ouviu a minha resposta em uma sessão de perguntas e respostas.

A doença pode ter causas originadas neste mundo, mas há casos em que a origem está na vida passada da pessoa. Quando essa causa é identificada por intermédio de uma "leitura", a doença pode ser curada no momento em que o indivíduo a reconhece como tal. A doença desaparece porque a causa fundamental deixa de existir.

No verão de 2010, quando estive no nosso templo de Hakone, um grande centro turístico no Japão, um rapaz me pediu que verificasse se a sua suspeita de que ele era alienígena estava certa. Eu lhe pedi 30 segundos para "lê-lo", e li as vidas passadas dele. Descobri que o rapaz foi, de fato, extraterrestre no passado. Contei-lhe que ele fora marciano e habitara o subsolo. Contei-lhe que, durante aquela vida, ele tinha sido uma espécie de toupeira de 2 metros de comprimento ou outro bicho de hábitos subterrâneos, embora tivesse nível de inteligência comparável ao de um ser humano.

Só depois eu soube que essa pessoa sofria de uma alergia de pele chamada dermatite atópica. A doença lhe afetava o corpo todo, e ele era particularmente sensível à luz. A exposição ao sol fazia com que sua pele ficasse muito ressecada e rachasse. Quando eu lhe contei que ele havia nascido em Marte* no passado, que vivera no subsolo e raramente subia à superfície, o rapaz ficou completamente curado da dermatite. Depois disso, sua pele voltou a ficar lisa e sadia. Tomar sol nunca mais o incomodou. Para tanto, bastou uma palavra. Episódios como esse acontecem. Somente em 2010 foram curadas numerosas doenças tidas como intratáveis.

A doutrina da Happy Science também está se propagando em países em desenvolvimento, como a Índia. Nesses países, as crianças não têm dinheiro para recorrer a um hospital ou comprar remédio. Em uma escola indiana custeada pela Happy Science, os cerca de 2 mil alunos costumam fazer uma prece que eu mesmo criei chamada "El Cantare Healing". Todos oram no pátio, dizendo: "Light, Cross, Light, Cross, El Cantare Healing!", porque a prece cura as suas doenças sem que ninguém tenha de gastar um centavo. Eu assisti ao vídeo e fiquei surpreso, pois seria dificílimo fazer o mesmo no Japão.

---

* Para saber mais sobre o assunto, sugerimos a leitura de *As leis do sol*, de Ryuho Okawa. (N. do A.)

Eu viajei e continuarei viajando ao redor do mundo para dar palestras. Se pudesse, gostaria de retornar muitas outras vezes aos países que visitei, mas não sei nem mesmo se haverá uma segunda vez. Para aqueles que não são tão jovens, esse encontro pode ser, efetivamente, o nosso primeiro e último. Por isso eu não quis perder essa oportunidade.

A fé atrai milagres

Existem muitas coisas místicas neste mundo. Sim, acontecem coisas místicas, mas é preciso haver um gatilho capaz de abrir as portas do mundo místico. É importante que as pessoas tenham contato com fenômenos místicos que elas não vivenciariam nem sentiriam no dia a dia. Eventos que aparentemente não poderiam acontecer dentro das leis e dos princípios normais da vida, mas que realmente ocorrem.

Durante muito tempo, a Happy Science optou por não discutir o tema da fé. Inicialmente, nós éramos um grupo de estudo. Como insistíamos em manter a postura de "pesquisadores" da ciência da compreensão da felicidade e da exploração do mundo espiritual, muitos de nossos membros tendiam a ser por demais racionais e intelectuais. De certo modo, impedíamos intencionalmente que os milagres acontecessem. Todavia, chegamos ao ponto em que passou a ser impossível impedi-los. Agora estão se operando incontáveis milagres. Eles já transpuseram as fronteiras do Japão e estão se verificando em países como as Filipinas, assim como na África. O milagre da cura de doentes desenganados pelos médicos vem ocorrendo na realidade. De agora em diante, muitos milagres irão ocorrer nos países em que visitei. Isso é uma profecia, e prevejo que isso acontecerá de fato.

Fenômenos que não deveriam ocorrer neste mundo, mas acontecem, são chamados de milagres. O gatilho que desencadeia os milagres resume-se a uma única palavra: fé. Embora pareçam apenas coincidência e sejam exceções neste mundo, os milagres são a prova da salvação divina. Essas "exceções" se verificam a fim de apresentar uma evidência incontestável de Deus. Creio que muitas pessoas vivenciarão milagres e serão provas vivas de que estão aqui na Terra na qualidade de enviados de Deus. Deus lhes mostrará muitos milagres.

De acordo com a Bíblia cristã, muitas das pessoas que mais tarde se tornariam discípulos de Jesus Cristo não acreditaram nele no início, e o traíram. Mas esses discípulos acabaram tendo fé em Jesus por causa de seus milagres. Quando passaram a crer, também adquiriram o dom de curar os enfermos e começaram a salvar gente. Creio que muitos também receberão o dom de salvar incontáveis pessoas. Este é o poder da fé e o poder das Verdades.

Quando o apóstolo Paulo ficou repentinamente cego e começou a ouvir a voz de Jesus Cristo, deixou de ser perseguidor do cristianismo para se converter em um fervoroso missionário cristão. Assim como Paulo, muitas pessoas que agora duvidam da Happy Science e relutam em ingressar nela passarão a acreditar, mais tarde, depois de vivenciarem um milagre.

Esses milagres, esses fenômenos, se multiplicarão por dez e por cem a partir de agora. Eu viajo pelo mundo para criar milagres. Acredito firmemente que, quando tiver retornado ao Japão, ouvirei falar nos numerosos milagres vividos pelas pessoas dos países que visitei. É o meu forte desejo de guiá-las que leva muitas a alterarem o curso da sua vida. Elas conseguem alterar o curso da vida do mal para o bem. Esse é o trabalho sagrado das religiões.

Por que tais milagres ocorrem? Em suma: porque desejamos salvar a humanidade, levar a felicidade ao máximo de pessoas possível. O desejo de auxiliar e salvar um número ilimitado de pessoas está na base e na raiz dos meus ensinamentos. É esse desejo que suscita os milagres.

Nosso movimento para atrair a salvação de Deus

Eu visitei o Brasil em novembro de 2010. Para me informar um pouco sobre o país, assisti a alguns filmes brasileiros antes de ir até aí. No entanto, muitos desses filmes eram horríveis. Eles continham uma quantidade excessiva de crimes, muita violência, e diversos personagens que eram criminosos. Os filmes retratavam um mundo tão terrível que seria quase impossível imaginar a existência de Deus.

Depois de visitar a cidade de fato, descobri que São Paulo é muito mais bonita do que aparece nos filmes. É uma área altamente urbanizada que, de algum modo, lembra um pouco Nova York. Mas o retrato mostrado nos filmes me dera a impressão de que São Paulo estava nadando em criminalidade e que o coração das pessoas era negro e mau. Esses filmes me fizeram achar que os brasileiros consideravam o crime e a agressão como aspectos normais da vida cotidiana. Então, logo que eu os vi, senti que não podia deixar o Brasil assim.

Quando a sociedade adoece e os cidadãos já não sabem distinguir o certo do errado, e quando as pessoas não conhecem a salvação divina, então é preciso ensiná-las. Trata-se de um trabalho muito nobre. Por isso, eu preciso disseminar o máximo de ensinamentos que puder sobre as Verdades místicas. Nossas atividades precisam ter o poder de mudar a vida das pessoas. Assim, embora seja desejável que cada vez mais gente ingresse na Happy Science, esse não é o nosso único objetivo.

A missão da Happy Science é apontar a direção correta para todos, aumentar o número de pessoas que possam viver de acordo com a Vontade de Deus. Temos visto um aumento significativo do número de seguidores de nossa doutrina, mas o crescimento em si só não é nosso único objetivo. Sempre peço aos membros: "Vocês precisam se dedicar, se empenhar de todo o coração. Por favor, ajam com paixão. Quero que vocês imbuam os seus atos de um forte desejo de salvar as pessoas".

Nós desejamos que a retidão prevaleça na Terra. Esperamos sinceramente que todos se unam pelo amor. A Happy Science vem difundindo a Verdade em muitos países, e almeja criar uma sociedade na qual as pessoas não tenham ódio, se arrependam dos erros cometidos, e perdoem e amem umas às outras. Para isso, creio que alguns países são escolhidos; aqueles que possuem um forte campo espiritual, como o Brasil.

Por exemplo, faz apenas 24 anos que iniciamos nossas atividades no Brasil, e mesmo assim o país passou à frente de todos e cresceu muito. Embora eu não tenha dirigido o Brasil diretamente, as pessoas se empenharam de forma proativa. Os membros expandiram a nossa instituição e construíram o *shoshinkan* do Brasil. Vejo quanto esforço custou construir um templo tão grandioso. Sou muito grato a tudo o que foi feito por nós. Os japoneses tendem a duvidar e agem devagar, ao passo que os brasileiros trabalham arduamente para difundir as Verdades. Às vezes, recomendo aos japoneses que olhem para os membros brasileiros e tentem aprender com eles, pois se tornaram um modelo para os adeptos do resto do mundo. Este é um acontecimento muito jubiloso.

Tal como o Brasil, a Índia está progredindo muito. Dizem que o número de membros da Happy Science está crescendo em um ritmo tremendo. Uma em cada três pessoas que assistem ao filme *O renascimento de Buda*, produzido em 2009, torna-se verdadeiramente devota da Happy Science. Ouvi dizer que o filme, que é sobre Buda, foi muito bem recebido pelos indianos, já que a Índia é o berço do budismo. Fiquei assombrado com a diferença de reação entre indianos e japoneses. Muita gente ingressa na doutrina logo depois de assistir ao filme. Como se trata de uma animação, eu não imaginava que ela tivesse um efeito tão forte sobre os espectadores.

A disseminação dos milagres do mundo espiritual

As leis da eternidade, outro filme que produzi, teve uma ampla aceitação no Brasil, o que mostra o grande interesse dos brasileiros pela espiritualidade e o quanto eles estão ávidos para saber mais sobre o mundo espiritual. O filme explica a estrutura multidimensional do outro mundo e descreve cada dimensão em detalhes. O trabalho é dificílimo de entender; acho que é uma das animações mais complicadas que produzi. É um belo filme, mas de conteúdo bem difícil. Muita gente no Japão é incapaz de compreendê-lo, porque boa parte dos japoneses nem acredita na existência do outro mundo e não pode imaginar que existam outras dimensões.

O livro dos espíritos, escrito pelo francês Allan Kardec, também explica o outro mundo. Essa obra vendeu mais de 4 milhões de exemplares no Brasil e, segundo dizem, influenciou mais de 20 milhões de pessoas. Ela é uma compilação e um resumo das mensagens espirituais transmitidas a Kardec por meio da psicografia.

Em 1981, também eu comecei a me comunicar com os espíritos pela psicografia. Minha mão se movia involuntariamente, escrevendo mensagens do reino celestial. Foi assim que começou a Happy Science. A seguir, vários Espíritos Divinos do Céu passaram a usar minhas cordas vocais para proferir diretamente suas palavras por meio de mim. Dizem que agora há cerca de quinhentos espíritos pertencentes ao grupo espiritual da Happy Science. Somente em 2010, publiquei 42 livros para transmitir as mensagens de 93 espíritos. A Happy Science conta com o apoio de grandes forças espirituais. Esta façanha é muito maior que a de Kardec com *O livro dos espíritos*.

Em média, nós publicamos um livro por semana. Este é um milagre incomparável. Além disso, a propaganda desses livros é divulgada toda semana nos principais jornais japoneses. De fato, o Japão está em processo de mudança. No entanto, parte-me o coração dizer que, diferentemente dos brasileiros, os japoneses ainda não chegaram ao ponto de assistir ao filme *As leis da eternidade* e se interessar pelo mundo espiritual.

Embora ainda leve algum tempo, eu gostaria de realizar uma revolução espiritual completa no Japão, pátria da Happy Science. Espero que a filosofia da Happy Science se espalhe por todos os cantos do mundo e que os seus ensinamentos sejam exportados de volta para o Japão. Gostaria de mostrar aos japoneses o entusiasmo com que pessoas de outros países – como o Brasil – estão estudando meus ensinamentos e exortá-los a seguir seu exemplo. Minha maior esperança é que você convide muitas pessoas para se juntar ao nosso movimento e espalhar as nossas Verdades por todo o mundo. Espero que minha paixão por esta causa tenha tocado você.

Capítulo 6

PERGUNTAS E RESPOSTAS COM O MESTRE OKAWA

Pergunta 1
Destino e predestinação

Eu gostaria de fazer uma pergunta sobre o destino. Muita gente se acredita fadada a ter uma vida feliz ou infeliz e acha que não há como mudar o destino. Posso lhe pedir que comente sobre a predestinação? O senhor também poderia explicar como a possessão por maus espíritos pode influenciar a vida das pessoas?

Resposta

Em primeiro lugar, vamos falar sobre o destino. O cristianismo ensina muito pouco a respeito do mundo espiritual, o lugar que a alma habita antes de viver na Terra. Assim, a maioria das pessoas ou tem poucas informações do mundo espiritual ou não acredita nele. No entanto, nós criamos um esboço de plano de vida antes de nascermos. Nesse sentido, até certo ponto, todo ser humano tem um "destino".

Esse plano de vida rudimentar inclui escolher os pais. A pessoa também escolhe um lugar de nascimento e decide com quem terá relações estreitas. E, até certo ponto, também escolhe o tipo de ocupação a que vai se dedicar. Na maior parte dos casos, a pessoa tem uma habilidade ou uma aptidão marcante. De modo que, até certo ponto, todos têm um destino no sentido de levar determinado tipo de vida. No entanto, isso não é 100% inalterável.

Se fosse impossível mudar o destino e não houvesse a possibilidade de ter uma vida diferente, então não haveria sentido nascer na Terra; não faria diferença nenhuma esforçar-se ou não, nada teria o menor efeito sobre o resultado. Esse tipo de mundo seria bem cruel. Se o esforço que fazemos na Terra não afetasse os resultados, a única escolha que nos restaria seria sermos preguiçosos e negligentes. Se o resultado fosse o mesmo por mais que a pessoa se empenhasse, todos deixariam de se esforçar. Não teria sentido praticar boas ações.

A sua vida sem dúvida tem um arcabouço ou direção básica. Todavia, é você que decide o que fazer ou como desenvolver a sua vida. Como regra geral, você pode controlar mais ou menos metade de sua vida. A outra metade se divide em dois quartos: um quarto é determinado pela estrutura básica – sua personalidade, natureza ou planos – que você traçou para sua vida antes de nascer. O outro quarto é decidido por seus encontros com os seres espirituais e por sua experiência com as influências espirituais enquanto está na Terra.

Os maus espíritos podem possuir você e influenciar sua vida. Mas você também pode entrar em contato com bons espíritos, como os anjos ou os seres que estão próximos dos anjos. Você pode ser guiado tanto por espíritos malignos como por Espíritos Divinos. Comentei que você tem o poder de controlar cerca de metade de sua vida. No entanto, por meio do treinamento religioso e da orientação dos espíritos superiores, você tem a possibilidade de elevar esse número a 75%. Ou seja, você pode chegar a controlar 75% da sua vida e mudar o rumo dela para a direção que desejar.

Pergunta 2
Ter duas missões na vida

Tenho 28 anos. Depois de ler os seus livros, constatei que, no fim, cada pessoa só tem um caminho a seguir. Aprendi que cada indivíduo tem uma única missão na vida, que deseja cumprir. No entanto, não consigo deixar de sentir que tenho duas missões na vida.
É possível ter duas missões na vida?

Resposta

Você ainda é jovem, e não é incomum ter mais de duas missões. É por causa da idade. Estamos numa época em que os jovens perseguem muitos sonhos. Entre os 20 e os 30 anos, é bom almejar várias coisas, não só duas. Acredite nas suas possibilidades e aja em prol delas. Você tem o direito de testar as suas possibilidades.

Mas, à medida que os anos se passarem, sua verdadeira missão ou aptidão se tornará cada vez mais clara.

Quando chegar à casa dos 40 anos, você terá de reduzir as opções a apenas uma. Ou seja, entre os 40 e os 50, terá de se restringir a uma missão. Assim, com o tempo, as opções diminuirão até que reste apenas um caminho. Portanto, só se preocupe em encontrar o seu caminho definitivo quando chegar aos quarenta e poucos anos.

Claro, há muitas exceções na época atual. Nossa expectativa de vida está aumentando, e muita gente inicia a segunda ou terceira fase da vida aos 70 ou 80 anos. Basicamente, não há limite para o número de missões ou sonhos que você pode perseguir. É bom experimentar várias coisas. Muita gente vive assim.

Mas saiba que, embora as pessoas possam ter muitas aptidões ou habilidades, no fim só chegarão às categorias superiores se se concentrarem em aperfeiçoar apenas uma delas. Se você tentar aprimorar duas, três ou quatro habilidades, obterá somente resultados de segunda, terceira ou quarta categoria. Para chegar ao topo em determinado campo, convém se restringir a uma única aptidão. Procure ter isso em mente.

Eu, por exemplo, sou autor de muitos livros, portanto estou habilitado para escrever. Se eu quisesse ser romancista, acho que até certo ponto teria talento para escrever um bom romance. No entanto, seria difícil chegar à categoria dos melhores romancistas. Isso porque sou um homem da religião e, geralmente, penso no estilo de vida ideal para os seres humanos. Muito da literatura atual é o oposto, e contém ideias e pensamentos infernais; sei que eu não seria capaz de escrever sobre esses temas. Como esse é o tipo de livro que muita gente acha atraente, eu não seria capaz de escrever um livro da moda. Nesse sentido, embora seja um bom escritor, não creio que possa ser um romancista de primeira categoria. Posso ajudar mais gente se eu restringir o meu objetivo a difundir as Verdades.

Em geral, o melhor é encontrar uma aptidão e abraçar essa vocação. Na juventude, você ainda tem a liberdade de experimentar e cometer erros, o direito de desafiar a si mesmo e de travar conhecimento consigo. Ao fazer isso, poderá descobrir muitos talentos ocultos.

Se, aos vinte e tantos anos, você já conseguiu limitar-se a apenas duas missões, é provável que seja mais iluminado que outros da sua idade. Quando eu estava nessa fase, perseguia muitos objetivos. Por isso, não há problema se você possui dois objetivos; significa que você é muito puro.

Quando for mais velho, ao redor dos 50 anos, você deverá optar por um caminho, porque isso vai ajudá-lo a ter sucesso. Porém, como hoje em dia a expectativa de vida é de cerca de 80 anos, provavelmente você poderá se aventurar por um segundo ou terceiro caminho novo. Eu mesmo comecei a dar palestras no exterior aos 51 anos. Achava que seria impossível, mas em apenas três anos aprendi a ministrar palestras em inglês. Assim como faço uma apresentação de uma hora e meia em japonês, agora posso fazer o mesmo em inglês.

Em suma, você não precisa definir o rumo da sua vida exatamente agora, mas deve limitá-lo a um só quando tiver uns 50 anos. Até lá, vai experimentar muitas coisas e desistir de algumas delas ao longo do caminho.

Pergunta 3
A depressão e como superá-la

Os casos de depressão estão aumentando, não só no Brasil, mas no mundo todo. Há uma causa espiritual para a depressão? Como podemos superá-la?

Resposta

São muitas as causas da depressão. Nas cidades, como a competição é feroz, muita gente cai em um estado de depressão quando fracassa em algum projeto ou tem dificuldade para realizar os seus sonhos. Em alguns casos, até um evento positivo pode gerar depressão. Por exemplo, algumas pessoas entram em depressão depois de serem promovidas, porque não se sentem preparadas para a nova função e não conseguem lidar com o estresse do novo cargo. Assim, embora tenham sido promovidas, começam a ficar deprimidas e param de trabalhar. Ou seja, há quem se deprima por causa de acontecimentos positivos.

Algumas pessoas tentam fugir do estresse consumindo álcool. Eu soube que, em regiões como os Estados Unidos e a América do Sul, muitos recorrem às drogas. Usam essas substâncias para entorpecer a mente racional e, de algum modo, proteger o ego.

Se você passar por longos períodos de depressão – por exemplo, mais de três meses –, é provável que esteja sob a influência de maus espíritos. A mente possui uma espécie de agulha de bússola capaz de apontar para qualquer direção. Pode apontar para o Céu ou para o Inferno, ou qualquer outro rumo que se desejar. Assim como o ponteiro de um relógio, ela consegue girar e parar em qualquer direção. Quando você está deprimido, a agulha da sua bússola aponta constantemente para um lugar: o Inferno. Se sua mente persistir na direção do Inferno e passar algum tempo sem se desviar, espíritos malignos infernais vão entrar em sintonia com as suas vibrações mentais e podem tentar possuí-lo.

A depressão às vezes leva ao suicídio. A alma de uma pessoa que comete suicídio não pode retornar de imediato ao mundo celestial. Antes de voltar para lá, geralmente fica vagando na Terra aproximadamente pelo mesmo número de anos de vida que ela abandonou, e só então é autorizada a prosseguir. Durante esse período, essa alma perdida procura pessoas parecidas com ela para possuí-las. Depois, tenta repetir o seu suicídio por meio da pessoa que possuiu, e arrastá-la para o Inferno.

Na verdade, uma das funções da religião é ajudar a evitar os suicídios. Obviamente, os médicos procuram curar a depressão com medicamentos. Eles também podem querer isolar o paciente deprimido das outras pessoas. Mas nada disso oferece uma cura fundamental. Para sanar a depressão pela raiz, você precisa aprender a gerar sua própria energia. Não dependa de uma usina para receber eletricidade; crie energia dentro de casa com o seu próprio gerador. Use o gerador de eletricidade que há dentro da sua mente para criar energia por si só. É vital desenvolver força para isso.

Mas como gerar essa energia sozinho? Como é possível manter um estado positivo da mente? Como criar energia para brilhar intensamente? Em primeiro lugar, é preciso tentar cultivar uma gratidão mais profunda. As pessoas deprimidas costumam ser pouco agradecidas aos que as cercam. É valiosíssimo agradecer o esforço e a ajuda de tantas pessoas que possibilitam a sua existência. Os deprimidos precisam perceber que inúmeras pessoas cuidam deles. Ter um coração agradecido ajuda-os a perceber que eles foram extremamente abençoados por muitas coisas.

A depressão é frequente no mundo todo. Por isso, é muito importante sermos gratos por tudo que nos foi dado. Por exemplo, algumas pessoas acham ruim terem nascido como seres humanos, mas os humanos são muito mais felizes que os animais. Os humanos gozam de uma liberdade muito maior. Deveríamos ser gratos por isso. A maioria dos animais não sabe falar. Eles não podem abrir conta num banco; por mais que trabalhem, eles não recebem salário. Os cães da polícia trabalham muito, mas não recebem pagamento. Por sermos humanos, podemos receber algum tipo de salário por nosso trabalho. Temos liberdade econômica porque somos humanos. O fato de sermos humanos é uma coisa muito nobre pela qual deveríamos ser gratos. Por isso, é vital mudar de perspectiva e ver o quanto nos foi dado. Tampouco vale a pena ceder tão facilmente às drogas e ao álcool. Um coração grato é o primeiro passo para curar a depressão.

Em segundo lugar, eu recomendaria a autorreflexão para quem está deprimido. No entanto, se a pessoa for diretamente para a autorreflexão, corre o risco de se condenar ainda mais e afundar no estado depressivo. Portanto, antes de se arrepender, é importantíssimo que você fortaleça sua crença no fato de que é filho de Deus. Este é o segundo ponto. Diga sempre a si mesmo que você é filho da luz e foi criado por Deus. Tendo uma forte consciência de que é filho de Deus, você perceberá o quanto é importante de fato.

Os ensinamentos cristãos são maravilhosos, mas o conceito de "pecado original" está tão profundamente enraizado no cristianismo que muita gente realmente acredita ser filha do pecado. Não consegue enxergar o lado luminoso e positivo da vida. Porém, basta mudar de perspectiva para que o mundo se encha de coisas maravilhosas.

Imagine, por exemplo, uma autoestrada cheia de lixo. Se você prestar atenção somente no lixo, vai achar a estrada imunda. Todavia, se continuar viajando, provavelmente vai chegar a algum trecho dela que está isento de lixo. Assim, se você desviar a vista da sujeira e olhar para a estrada limpa, o mundo parecerá completamente diferente para você. Pergunte-se para onde você está olhando atualmente. Se estiver sempre vendo o lado escuro e negativo do mundo, mude a direção da sua mente e procure olhar para o lado luminoso e feliz. É importante fazer esse esforço.

São inúmeros os que se julgam seres humanos sem absolutamente nenhuma boa qualidade. Muitos deprimidos têm essa tendência. Mas, se você refletir um pouco, vai perceber facilmente que isso não é verdade. Se você não consegue ver suas qualidades, basta pedir a pessoas próximas que as indiquem. Na hora elas vão citar cinco ou seis ótimas características suas. É fácil mostrar os pontos positivos dos outros; no entanto, quem sempre olha para os pontos negativos não consegue enxergar os positivos. Você precisa aceitar seus pontos positivos com o coração aberto. Isso vai levá-lo a gerar sua própria energia.

Assim que sua vida começar a melhorar e caminhar em uma direção positiva, o próximo passo será acumular pequenas experiências de sucesso. Não pretenda realizar algo grandioso; o importante é que você continue adquirindo autoconfiança sendo bem--sucedido em várias pequenas tarefas. Tendo autoconfiança, você conseguirá armazenar força suficiente para refletir humildemente sobre os seus erros. Acho importante dar esses passos.

Outro ponto a considerar é não se comparar com os outros. Sempre haverá um número infinito de pessoas melhores do que você. E, claro, também haverá muitas pessoas piores. O importante é encontrar alguém que seja superior a você na sua área de interesse, e almejar se tornar como ela. Porém, o fato de a outra pessoa ser superior não significa que você não tenha valor. Se você tem tendência a pensar assim, precisa mudar.

Se alguém é mais bem-sucedido que você na sua área de interesse, abençoe essa pessoa. Abençoe-a pelo seu sucesso e deseje um dia ser como ela. Se você consegue elogiar essa pessoa, então está um passo mais próximo de vir a ser como ela. Procure pensar sempre assim e abençoe as pessoas. Tenha sempre no coração uma bênção para os bem-sucedidos. Este é um remédio eficaz contra a depressão. É importante ter a coragem de elogiar os bem-sucedidos.

Pergunta 4
A opção de ser vegetariano

É correto ser vegetariano? É errado comer carne?

Resposta

Desde Descartes, algumas religiões ocidentais têm apresentado a ideia de que o espírito e o corpo são coisas separadas. Elas também pregam que só os seres humanos têm alma, e que os animais não as possuem. Sobretudo este conceito é antiquíssimo. Por isso, muita gente que come carne está convencida de que os animais não têm alma. No entanto, culturas orientais como a indiana acreditam que os animais também têm alma. A antiga crença indiana chega a afirmar que a alma reencarna alternadamente em um corpo humano e em um corpo animal.

Na verdade, as almas humanas basicamente reencarnam apenas em humanos; mas os animais também têm alma, ainda que em um nível menos desenvolvido que o dos seres humanos. Eles têm alma e experimentam diferentes emoções; sentem prazer, raiva, tristeza e alegria. Por isso, não pense que está certo dizer que nós podemos comer animais simplesmente porque eles não têm alma.

Alguém poderia dizer, então, que todos nós deveríamos ser vegetarianos. Acontece que as plantas também têm alma, ainda que de forma muito reduzida e modesta. Elas não se movimentam ativamente como os animais, mas, se você as observar com uma câmera de alta velocidade, verá que elas se movem, sim, só que muito devagar. As plantas são seres vivos e também sentem prazer e se alegram quando chove depois de um dia quente, ou quando o sol aparece depois de um período de tempo encoberto. Assim, até mesmo as plantas têm emoções simples, como prazer e sofrimento.

No entanto, dizer isso só serve para dificultar a vida humana. Você não poderia comer nem animais nem plantas, de modo que não seria questão de ser vegetariano ou não: você não poderia comer nada, o que levaria todos os seres à morte, e não haveria sentido que Deus criasse seres humanos neste mundo. Se você não pudesse comer nada, teria de sobreviver comendo pedras e rochas. O problema é que os minerais também são seres vivos. O seu crescimento é muito mais lento que o das plantas, mas, vagarosamente, eles formam cristais no transcorrer de milhões e bilhões de anos. Os minerais têm uma vida muito, muito longa. Portanto, essencialmente, tudo neste mundo tem vida.

Há diferenças culturais quanto ao que se come, mas não tem sentido usar a existência ou inexistência da alma como critério para julgar se você pode comer algo ou não. Sem dúvida alguma, os seres humanos são as almas mais altamente desenvolvidas entre as formas de vida da Terra. Nós comemos outros animais e vegetais, e isso pode parecer cruel. No entanto, visto sob uma perspectiva diferente, os animais e as plantas ajudam os seres humanos a experimentar a vida e adquirir crescimento espiritual. Ao servirem como alimento, eles estão passando por um treinamento muito nobre da alma.

Assim, vegetariano ou não, o importante é ter gratidão no coração quando você se alimenta. Talvez você se sinta culpado por tirar uma vida, mas o modo de compensar esse mal é ser grato e retribuir vivendo a vida; e trabalhando de modo a fazer com que a perda dessas vidas preciosas valha a pena. Se seu estilo de vida puder aumentar cinco ou dez vezes o valor de uma vida tirada, ela ficará agradecida.

Eu não posso afirmar que é certo ou errado ser vegetariano baseado na existência ou não da alma. O fato é que manter uma única vida humana requer muitos sacrifícios. Devemos encará-los como sacrifícios valiosos, e creio que as pessoas podem dar sentido a tais sacrifícios esforçando-se para criar uma sociedade melhor.

Pergunta 5
Os deveres dos políticos

*Como posso eu, sendo político, levar a felicidade
aos cidadãos desta cidade, deste país?
Como posso contribuir para a felicidade deles?*

Resposta

A política requer muita criatividade. O político não pode cumprir seu dever simplesmente imitando o que outros fizeram antes dele. Graças à natureza criativa de sua atividade, o político conta com grandes possibilidades de concretizar sua visão de futuro. Se você é membro do Congresso, tem o papel importantíssimo de projetar e moldar o futuro deste país, e de transformar visões e sonhos em realidade. É um trabalho difícil, e as pessoas irão julgá-lo pelos resultados. Ninguém sabe de antemão se suas ideias estão certas ou se vão produzir bons resultados. As pessoas só podem julgar o seu trabalho depois que surgirem os resultados.

Portanto, em primeiro lugar, é importante formar uma visão do futuro. Segundo, você deve examinar os recursos que estão disponíveis, como os orçamentos, os cidadãos, as indústrias e os recursos naturais, e pensar no que você pode criar usando esses recursos. Parte importante da atividade do político consiste em usar os recursos à sua disposição neste mundo para criar maravilhosas obras de arte de potencial ilimitado. Portanto, olhe para o que está em suas mãos agora e pense na bela obra-prima que pode criar.

Por favor, lembre-se sempre de que o trabalho do político é muito valioso e que seus deveres estão muito próximos das obras de Deus. O materialismo e o ateísmo já afetaram grande número de pessoas. Mas, no fim, os políticos só contam com Deus, e muitos trabalham diariamente com preces no coração. Quanto mais elevado o cargo que ocupam, mais intensamente deverão orar a Deus, porque trabalham em nome de Deus.

Por isso, espero que você, como político, arranje tempo para praticar a meditação em silêncio. Com a disciplina espiritual, você pode treinar a si mesmo para ouvir as vozes de Deus, do Céu e dos Espíritos Divinos, e receber as orientações e visões que eles lhe enviam. As atividades religiosas não devem entrar em conflito com a política. Quanto mais elevada é a posição ocupada pelo político, mais perto de Deus ele precisa estar. Em outras palavras, o político precisa ter virtude. Ora, o que significa ser virtuoso? Significa ser capaz de amar muita gente, significa ter um coração com capacidade de acolher muita gente.

No Japão, muitos políticos participam de alguma religião. No entanto, a maioria adere à religião somente para angariar os votos dos seus membros. Mesmo assim, embora sejam uma pequena minoria, uns poucos políticos conscientes acreditam que os países devem ser governados pelos que estão mais perto de Deus. Espero que você seja um deles, e que atue como uma grande força para o seu país, abrindo a porta para um futuro mais brilhante.

Pergunta 6
A pena capital

As estatísticas mostram que mais da metade dos presos por homicídio, quando recuperam a liberdade, reincidem no crime. Considerando-se que a vida humana é eterna, poderíamos concluir que talvez fosse melhor o criminoso partir deste mundo e tentar de novo em uma vida futura. Assim, a vida das pessoas não seria brutalmente interrompida, e isso levaria à felicidade da maioria absoluta. Mas esse modo de pensar pode ser perigoso. O que acha da pena de morte?

Resposta

A maior parte das religiões se opõem à pena capital. Suponho que seja natural os homens da religião se declararem contrários à pena de morte. No entanto, se fizermos uma análise abrangente do assunto levando em conta também a perspectiva espiritual, acho que a resposta é uma questão de grau. Seria excessivo aplicar a pena de morte a alguém quando ainda há espaço para a piedade. Por exemplo, se uma pessoa cometeu um crime em circunstâncias que não lhe deixavam outra saída, a pena de morte deveria ser evitada.

Nos países muçulmanos, quem viola as leis islâmicas é rapidamente condenado à morte. Se a pessoa cometeu um pequeno delito, creio que a pena capital seria uma punição completamente desproporcional. Deveríamos ver se há equilíbrio entre crime e punição.

Todavia, tenho ouvido dizer que a taxa de criminalidade é muito elevada nas Américas Central e do Sul. Soube que no Peru é elevadíssimo o número de ex-presidiários que reincidem no crime quando recobram a liberdade. Por isso, o monge da Happy Science no Peru frequentemente vai pregar nossos ensinamentos nos presídios. O objetivo é levar a essas pessoas os ensinamentos sobre as Verdades enquanto elas ainda estão presas, para evitar que cometam novos crimes quando forem soltas.

Muitos crimes ocorrem impensadamente. Esses criminosos provavelmente responsabilizam o mundo e acham que são infelizes por terem nascido em um ambiente ruim. O ensino das Verdades pode levá-los a tomar consciência de seus atos.

Mas também há crimes atrozes, como os dos atiradores que invadem escolas e matam dezenas de alunos do ensino fundamental na hora da saída. Os pais não podem perdoar tão facilmente semelhante barbaridade. Também devemos levar em conta a perspectiva da coibição. Se todos os assassinatos, sob quaisquer circunstâncias, ficassem imunes à pena de morte, seria difícil para a sociedade desencorajar o crime.

Claro que há situações em que se tira uma vida em legítima defesa. Por exemplo, se um assaltante entra armado na sua casa e ameaça sua vida, você é obrigado a se defender para não morrer. Entretanto, se o crime for claramente hediondo, brutal, e causar a morte de muita gente indiscriminadamente – como tem ocorrido em alguns assaltos a banco, que fazem várias vítimas fatais –, sinto que é preciso fazer uma ponderação cautelosa.

Sob essas circunstâncias, abolir a pena de morte provavelmente não ajudará a diminuir o índice de criminalidade.

Se possível, eu gostaria de ensinar as Verdades aos criminosos e dizer-lhes: "O que vocês fazem é um ato maligno e, por causa dele, vocês vão passar centenas de anos padecendo no inferno". Mas, enquanto as Verdades não prevalecerem na sociedade, só nos resta tomar medidas para impedir que o reino do Inferno se expanda ainda mais. Tampouco é desejável que gente boa e decente perca a vida nas mãos de criminosos.

Quando estive no Brasil, reparei que muitos prédios são cercados de grades de ferro em São Paulo. Não se vê isso em Tóquio. Provavelmente, os prédios têm grades de ferro porque não falta quem tente entrar para roubar. Os bancos também têm grades para manter os ladrões e assaltantes do lado de fora. Comparado aos padrões internacionais, o índice de criminalidade no Brasil ainda é elevado, e o país, aparentemente, não é seguro.

Em condições normais, uma força policial efetiva poderia controlar o crime. Mas, enquanto tanta gente só continuar pensando em si, não conseguiremos reduzir o número de atos criminosos.

Deveríamos adotar medidas diferentes, de acordo com a situação particular de cada país. Por exemplo, no Japão, cerca de mil anos atrás, houve um período chamado Heian. Durante esse período, a paz durou várias centenas de anos, e dizem que a pena capital não foi aplicada uma única vez. Esse período histórico demonstra que a paz é possível na sociedade.

Portanto, a resposta a esta pergunta varia de acordo com a situação, a cultura, o nível de bem-estar econômico e a moral do país. Mas, nos países com alta criminalidade, acho que a pena de morte não deveria ser abolida tão facilmente. Deveria continuar em vigor para proteger os bons cidadãos. É preciso examinar todas as circunstâncias antes de chegar à sentença. Existem realmente pessoas dispostas a matar se acharem que não correm o risco de ser executadas. Por isso, a fim de proteger os bons cidadãos, acho que não deveríamos abolir completamente a pena de morte.

Do ponto de vista espiritual, a pessoa que comete um homicídio provavelmente vai para o Inferno quando morrer. Entretanto, esse pecado na verdade será atenuado se o assassino for executado devido ao crime cometido. Seria como quitar parte da dívida contraída pelo crime. Os heróis de guerra da história, que mataram muita gente, geralmente acabaram encontrando a morte nas mãos de outros. Os espíritos desses heróis de guerra me disseram que o fato de terem sido mortos, no final, atenuou seus pecados. Trata-se da Lei do Carma, ou Lei de "Causa e Efeito". Você pode reduzir o aspecto negativo do seu carma se sofrer a mesma coisa que infligiu aos outros.

Porém, esse princípio não se aplica aos policiais nem aos soldados de um exército que luta em nome da justiça. Por exemplo: um policial a serviço que troca tiros com um criminoso e o mata não vai para o Inferno por causa disso. Pela perspectiva das Verdades, o responsável é o líder – o político, o rei ou o presidente – e não o indivíduo por agir de acordo com as leis em vigor.

De modo geral, acho que, para ajudar na prevenção de crimes, a pena de morte não deve ser abolida nos países em que ainda ocorrem crimes atrozes. Espero que, num futuro próximo, à medida que as Verdades se propaguem na sociedade, possamos impedir o crime. Também gostaria de reduzir a taxa de criminalidade fornecendo ensinamentos nos presídios.

É verdade que um criminoso pode reduzir o peso do seu pecado na outra vida pagando neste mundo o preço do crime que perpetrou, mas isso não é o ideal. Essa situação está longe da sociedade utópica que almejamos criar, por isso eu rezo para haver menos grades de ferro no Brasil e nos outros países.

Gostaria que este planeta se tornasse um lugar pacífico e seguro. Seria melhor para todos nós. Por isso, vamos trabalhar para criar um mundo mais pacífico. A Regra de Ouro da religião é "Tudo o que quereis que os homens vos façam, fazei-o vós a eles" (Mateus 7: 12).

Ou, dito de outro modo, "Não faça aos outros o que você não quer que lhe façam". Se você não quer ser morto, então não mate. Se você não quer que roubem as suas coisas, não roube as coisas alheias. Esta é a Regra de Ouro, o sentido de moralidade fundamental. Esta deveria ser a regra básica a ser praticada na vida cotidiana.

Não obstante, acho que o governo é responsável pela segurança pública, e é dever dele proteger os bons cidadãos. Nós deveríamos ter órgãos governamentais atuantes, capazes de fazer as leis serem cumpridas. Mesmo em um país como o Japão, em que o crime é raro, ocasionalmente um psicopata mata muitos inocentes, de modo que talvez ainda não possamos abolir a pena de morte. Precisamos dela para inibir o crime.

Naturalmente, o melhor é convencer as pessoas com palavras. Mas, por exemplo, ainda que quase 90% da população seja cristã, o Brasil tem altas taxas de criminalidade. Ou seja, embora haja muita gente religiosa no país, o índice de criminalidade mostra que a religião é virtualmente impotente diante dele.

Isso se deve ao fato de que, embora muitas pessoas tenham conhecimento do Céu e do Inferno, poucas realmente sentiram a presença do outro mundo ou tiveram experiências espirituais.

Nosso principal objetivo é criar uma sociedade pacífica e celestial neste planeta, e para isso precisamos de empenhos reais para erradicar o crime. É preciso resolver a questão da pobreza, que é o viveiro do crime. Para reduzir a pobreza, temos de nos esforçar na arena da política e da economia. Enquanto combatemos a pobreza com medidas políticas e econômicas, também temos de dar prosseguimento ao nosso esforço religioso para propagar as Verdades mediante o nosso movimento espiritual. Só conseguiremos resolver essa questão se a combatermos tanto do lado mundano quanto do lado espiritual. Concluindo, por ora acho que não estamos prontos para abolir completamente a pena capital.

Pergunta 7
Definição de Anticristo

O Livro das Revelações menciona o Anticristo.
Também diz que muitas pessoas vão seguir o Anticristo.
Quem é o Anticristo?

Resposta

As pessoas têm diferentes ideias acerca do Anticristo. Examinando os 2 mil anos de história do cristianismo, acho que o conceito de Anticristo serviu de maneira conveniente para descrever alguém que manifestava uma opinião incompatível com a da Igreja. Mas sinto que a maneira de ajudar e salvar as pessoas deve mudar com o tempo. Conservar as doutrinas originais é benéfico em alguns aspectos, mas não creio que todas as religiões posteriores ao cristianismo se oponham aos ensinamentos de Jesus Cristo.

Parece-me que, com o decorrer dos anos, a Igreja editou os textos da Bíblia, eliminando alguns pensamentos de Jesus. Isso se aplica principalmente aos ensinamentos de Jesus sobre o aspecto espiritual, assunto de que ele falava muito quando vivia. Algumas das ocorrências espirituais que ele mencionava foram mantidas na Bíblia de hoje. Por exemplo, muitas partes da Bíblia falam em expulsar os maus espíritos. Também está escrito que Jesus disse: "Este é o Elias que havia de vir" (Mateus 9: 14), revelando que João Batista tinha sido Elias no passado. Portanto, se você ler as palavras de Jesus que foram preservadas na Bíblia, notará que ele reconhecia os poderes espirituais e o conceito de reencarnação entre este mundo e o outro.

Muitas filosofias espirituais surgiram posteriormente, mas todas foram perseguidas e rejeitadas como heresias. É verdade que algumas *eram* heréticas, mas outras tinham muito em comum com outras religiões. De modo que se tratava de uma mistura de trigo e joio. Havia religiões boas e ruins.

Eu acredito que o critério para julgar se uma religião é boa ou ruim está nas palavras de Jesus: "Ou fazei a árvore boa, e o seu fruto bom, ou fazei a árvore má, e o seu fruto mau; porque pelo fruto se conhece a árvore" (Mateus 12: 33).

Se as pessoas que acreditam em uma determinada fé se revelarem más, então talvez possam ser consideradas o que a Bíblia chama de Anticristo. Por outro lado, se as pessoas entrarem no caminho certo, no caminho da fé correta e no caminho da glória por acreditarem nos ensinamentos, então o fruto há de ser bom. Não se pode dizer que algo seja bom se não conta com o apoio de muita gente. Isso é válido não só para as religiões, mas se aplica também às corporações e outros tipos de negócios. Portanto, o critério decisivo para julgar se um movimento espiritual representa o Anticristo é examinar o fruto – os resultados – das ações de seus seguidores.

Pergunta 8
Quem é El Cantare

Que tipo de ser é El Cantare?

Resposta

"El Cantare" significa "a luz da Terra". El Cantare é uma existência espiritual cuja meta é levar a felicidade a todas as criaturas da Terra, e fazer com que o planeta todo fique inundado de luz. Hoje, a porção central da alma de El Cantare desceu à Terra e habita o meu corpo.

A pessoa que está diante de você, com o nome de Ryuho Okawa, não é a totalidade de El Cantare. A existência espiritual de El Cantare tem uma missão por demais grandiosa para habitar um corpo físico. Um corpo humano não consegue cumprir todas as funções e papéis de El Cantare. Uma grande parte da alma de El Cantare continua existindo no Céu. O que eu posso fazer como ser humano é limitado, mas como ser espiritual eu tenho um poder bem maior. Portanto, o ser completo chamado El Cantare é composto de parte da Sua alma que habita meu corpo físico na Terra e uma porção maior de Sua alma que existe no Céu. É preciso entender El Cantare como uma existência que tem relação com todas as religiões importantes do mundo.

Para explicações mais detalhadas sobre El Cantare, gostaria de sugerir a leitura de outros títulos que publiquei.

O Grande Espírito,
El Cantare

"El" significa "luz" e "Cantare" significa "a grande terra" ou "o planeta Terra". As duas palavras juntas querem dizer "Terra que transborda luz". El Cantare detém a responsabilidade maior e toma as decisões finais sobre o destino da humanidade.

O grupo espiritual da Terra consiste em uma congregação de espíritos conhecidos como Espíritos Divinos. Entre eles encontram-se espíritos que progrediram a um grau tão alto de excelência que são conhecidos como deuses. Esses espíritos são divindades que preservam o caráter humano. El Cantare é o mais elevado Grande Espírito do grupo espiritual da Terra, e o que detém a maior autoridade entre os espíritos. É o responsável por guiar a Terra desde antes da criação da humanidade.

El Cantare é um ser que combina Deus e Buda. A palavra "Buda" significa, originalmente, "O Desperto" ou "O Iluminado". Costuma ser usada em referência a Gautama Siddhartha, também conhecido como Buda Shakyamuni, que alcançou a iluminação enquanto estava na Terra. O Buda Shakyamuni histórico foi, na verdade, uma vida passada de El Cantare. Uma parte da imensa energia vital de El Cantare encarnou na Terra como Buda Shakyamuni. A palavra "Buda" também é usada para designar o Criador do Grande Cosmo, o Deus Primordial.

Claro, existem também outros Grandes Espíritos que guiam a Terra na nona dimensão celestial. Eles concordaram em cooperar com a Happy Science e em apoiá-la, pois ela foi instituída por El Cantare, que continua a liderar o movimento. Nesse contexto, a Happy Science é uma organização que não foi criada por seres humanos. Foi fundada por um consenso entre os Grandes Espíritos do Céu. A missão da Happy Science é trazer salvação para a humanidade ao difundir as Verdades universais de Deus pregadas por El Cantare.

Se você está imaginando qual seria a melhor forma de descrever o ser que é El Cantare, talvez seja mais fácil pensar nele como uma combinação de Buda e Cristo. Como El Cantare, o mestre Okawa prega as Verdades de Deus ao mesmo tempo que expõe ensinamentos de amor e salvação. Sua missão é divulgar os ensinamentos de Buda para a iluminação e também pregar as mensagens de amor de Cristo. El Cantare veio à Terra para servir de ponte entre o Ocidente e o Oriente, para trazer salvação a toda a humanidade.

Pergunta 9
Acreditar no Senhor

Nós, membros da Happy Science, acreditamos realmente na descida do Senhor. Entretanto, por que os líderes de outras instituições religiosas não acreditam nisso?

Resposta

Creio que isso se deve simplesmente ao número de anos da nossa atividade. A Happy Science foi fundada há apenas 24 anos, de modo que vai demorar um pouco para que as pessoas acreditem em nós. Por exemplo, dizem que Jesus Cristo começou a evangelizar aos 30 anos de idade e o fez somente durante três anos até sua morte, aos 33. Quando Jesus morreu, ele quase não tinha discípulos. Hoje, 2 mil anos depois, bilhões de cristãos espalhados pelo mundo todo acreditam nele. Em retrospecto, é difícil imaginar que as pessoas não acreditavam em Jesus quando ele estava vivo. No entanto, as pessoas daquela época não sabiam que o cristianismo se tornaria uma das maiores religiões do mundo.

Talvez você queira saber por que as pessoas não acreditam em El Cantare, mas nunca houve uma época na história em que elas acreditaram de imediato em um Salvador. Até mesmo o budismo levou centenas de anos para se propagar. Hoje, os sistemas de transporte e os meios de comunicação estão muito desenvolvidos, e a informação se espalha rapidamente pelo mundo. Apesar disso, a Verdade demorará algum tempo para chegar a todas as partes. As pessoas que têm fé em uma religião preexistente levarão algum tempo para abandonar essa fé e abraçar uma religião nova. É inevitável que leve tempo.

Aqueles que encontram fé em novas religiões conseguem reconhecer religiões já estabelecidas, mas aqueles que creem em religiões estabelecidas acham difícil aceitar novas religiões.

Houve algo parecido entre o cristianismo e o islamismo. Não vou me alongar muito nisso, pois é complicado, mas o cristianismo e o islamismo são considerados religiões irmãs. De fato, há muitas semelhanças entre elas. Maomé reconhece Jesus Cristo, assim como a Bíblia. Criou o Alcorão aceitando plenamente tanto o Antigo Testamento quanto o Novo Testamento. Ora, o islamismo aceita o cristianismo, mas o cristianismo, sendo o predecessor, não aceita o islamismo. Dante, o famoso poeta italiano, escreveu *A divina comédia*, uma história sobre o mundo espiritual. No entanto, segundo ele, tanto Maomé quanto Buda Shakyamuni caíram no Inferno. Ele diz que, à parte Jesus Cristo, todos os fundadores de religiões foram para o Inferno. Mas o fato é que numerosos Espíritos Divinos têm vindo para a Terra a fim de liderar diferentes países, portanto esse raciocínio é bastante limitado.

As instituições preexistentes têm dificuldade para aceitar as instituições que surgem depois delas. Por exemplo, os judeus rejeitaram o cristianismo porque o judaísmo existia antes do cristianismo. Mesmo hoje, o povo judeu aceita Jesus Cristo apenas como profeta, não como o Messias. Na fé islâmica, Maomé chama a si mesmo de último profeta. Logo, do ponto de vista muçulmano, a partir dos séculos VI e VII, não houve nem haverá nenhum novo profeta. Para os muçulmanos, todas as religiões criadas depois do islamismo são erradas.

Quando surge uma nova fé, há conflitos entre os que aderem à nova fé e os que preferem conservar a antiga. Jesus disse: "Não cuideis que vim trazer a paz à terra; não vim trazer paz, mas a espada" (Mateus 10: 34). Isso significa que, por exemplo, se uma pessoa de família judia se coverter ao cristianismo, haverá conflito nessa família. Jesus chama esses conflitos de "trazer a espada".

Os seres humanos geralmente tendem a acreditar nas coisas que existiam antes deles. E para provar que nossa crença está certa, não temos outra escolha a não ser deixar o tempo passar enquanto propagamos os ensinamentos. Aqueles que acreditam nesta nova fé devem despertar para o dever e a responsabilidade de disseminar as Verdades, e se esforçar para que este movimento seja apoiado e aceito por muita gente.

POSFÁCIO

---※---

Nunca havia sentido antes o peso da expressão "um único e precioso encontro" tão intensamente como na visita que fiz ao Brasil. A viagem ocorreu durante um ano em que tive de enfrentar muitos desafios pessoais. Realizei um total de 229 palestras em 2010, e publiquei 52 livros entre novembro de 2009 e outubro de 2010, o que me fez ser oficialmente reconhecido como o recordista de publicações em um ano pelo *Guiness Book*.

Esse entusiasmo poderá ser percebido também por meio deste livro. O peso das minhas próprias palavras e a conscientização de minha missão como salvador do mundo e mestre do mundo fortaleceram-me ainda mais como ser humano e encorajaram muitas pessoas ao redor. Este livro é minha declaração ao mundo de que espalharei estes ensinamentos por todos os cantos do globo.

Ryuho Okawa
Janeiro de 2011

SOBRE O AUTOR

O mestre Ryuho Okawa começou a receber mensagens de grandes personalidades da história – Jesus, Buda e outras criaturas celestiais – em 1981. Esses seres sagrados vieram até ele com mensagens apaixonadas e urgentes, rogando para que ele entregasse às pessoas na Terra a sabedoria divina deles. Assim se revelou o chamado para que ele se tornasse um líder espiritual e inspirasse pessoas no mundo todo com as Verdades espirituais sobre a origem da humanidade e sobre a alma, por tanto tempo ocultas. Esses diálogos desvendaram os mistérios do Céu e do Inferno e se tornaram a base sobre a qual mestre Okawa construiu sua filosofia espiritual. À medida que sua consciência espiritual se aprofundou, ele compreendeu que essa sabedoria continha o poder de ajudar a humanidade a superar conflitos religiosos e culturais, e conduzi-la a uma era de paz e harmonia na Terra. Pouco antes de completar 30 anos, mestre Okawa deixou de lado uma promissora carreira de negócios para se dedicar totalmente à publicação das mensagens que recebe do Céu. Desde então, até abril de 2011, ele já lançou mais de setecentos livros, tornando-se um autor de grande sucesso no Japão. A universalidade da sabedora que ele compartilha, a profundidade de sua filosofia religiosa e espiritual e a clareza e compaixão de suas mensagens continuam a atrair milhões de leitores. Além de seu trabalho contínuo como escritor, mestre Okawa dá aulas e palestras públicas pelo mundo todo.

SOBRE A HAPPY SCIENCE

---- ✳ ----

Em 1986, mestre Ryuho Okawa fundou a Happy Science, um movimento espiritual empenhado em levar mais felicidade à humanidade pela superação de barreiras raciais, religiosas e culturais, e pelo trabalho rumo ao ideal de um mundo unido em paz e harmonia. Apoiada por seguidores que vivem de acordo com as palavras de iluminada sabedoria do mestre Okawa, a Happy Science tem crescido rapidamente desde sua fundação no Japão e hoje conta com mais de 12 milhões de membros em todo o globo, com Templos locais em Nova York, Los Angeles, São Francisco, Tóquio, Londres, Paris, Düsseldorf, Sydney, São Paulo e Seul, dentre as principais cidades. Semanalmente o mestre Okawa fala nos Templos locais da

Happy Science e viaja pelo mundo dando palestras abertas ao público. A Happy Science possui vários programas e serviços de apoio às comunidades locais e pessoas necessitadas, como programas educacionais pré e pós-escolares para jovens, e serviços para idosos e pessoas portadoras de deficiência. Os membros também participam de atividades sociais e beneficentes, que no passado incluíram ajuda humanitária às vitimas de terremotos na China e no Japão, levantamento de fundos para uma escola na Índia e doação de mosquiteiros para hospitais em Uganda.

Programas e eventos

Os Templos locais da Happy Science oferecem regularmente eventos, programas e seminários. Junte-se às nossas sessões de meditação, assista às nossas videopalestras, participe dos grupos de estudo, seminários e eventos literários. Nossos programas ajudarão você a:

- Aprofundar sua compreensão do propósito e significado da vida
- Melhorar seus relacionamentos conforme você aprende a amar incondicionalmente

- Aprender a tranquilizar a mente mesmo em dias estressantes, pela prática da contemplação e da meditação
- Aprender a superar os desafios da vida e muito mais.

Seminários internacionais

A cada ano, amigos do mundo todo comparecem aos nossos seminários internacionais, que ocorrem em nossos templos no Japão. Programas diferentes são oferecidos a cada ano sobre diversos tópicos, entre eles como melhorar relacionamentos praticando os Oito Corretos Caminhos para a iluminação e como amar a si mesmo.

Revista Happy Science

Leia os ensinamentos do mestre Okawa na revista mensal *Happy Science*, que também traz experiências de vida de membros do mundo todo, informações sobre vídeos da Happy Science, resenhas de livros e mais. A revista está disponível em inglês, português, espanhol, francês, alemão, chinês, coreano e outras línguas. Edições anteriores podem ser adquiridas por encomenda. Assinaturas podem ser feitas no templo da Happy Science mais perto de você.

Contatos

Templos da Happy Science no Brasil
Para entrar em contato, visite o website da Happy Science no Brasil: http://www.happyscience-br.org/

TEMPLO MATRIZ DE SÃO PAULO
Rua Domingos de Morais, 1154, Vila Mariana, São Paulo, SP, CEP 04010-100, Tel: (11) 5088-3806   Fax: (11) 5088-3800
E-mail: sp@happy-science.org

TEMPLOS LOCAIS

SÃO PAULO
Região Sul: Rua Domingos de Morais, 1154, 2º andar, Vila Mariana, São Paulo, SP, CEP 04010-100
Tel: (11) 5574-0054   Fax: (11) 5574-8164
E-mail: sp_sul@happy-science.org

Região Leste: Rua Fernão Tavares, 124, Tatuapé, São Paulo, SP, CEP 03306-030, Tel: (11) 2295-8500   Fax: (11) 2295-8505
E-mail: sp_leste@happy-science.org

Região Oeste: Rua Grauçá, 77, Vila Sônia, São Paulo, SP, CEP 05626-020, Tel: (11) 3061-5400
E-mail: sp_oeste@happy-science.org

Região Norte: Rua Manuel Taveira, 72, Parada Inglesa, São Paulo, SP, CEP02245-050, Tel: (11) 2939-7443
E-mail: sp_norte@happy-science.org

JUNDIAÍ
Rua Congo, 447, Jd. Bonfiglioli,
Jundiaí, SP, CEP 13207-340
Tel: (11) 4587-5952
E-mail: jundiai@happy-science.org

SOROCABA
Rua Dr. Álvaro Soares, 195, sala 3, Centro,
Sorocaba, SP, CEP 18010-190
Tel: (15) 3232-1510
E-mail: sorocaba@happy-science.org

SANTOS
Rua Itororó, 29 Centro, Santos, SP, CEP 11010-070
Tel: (13) 3219-3150
E-mail: santos@happy-science.org

Templos da Happy Science
pelo mundo

A Happy Science é uma organização com vários Templos distribuídos pelo mundo. Para obter uma lista completa, visite o site internacional (em inglês):

www.happyscience.org.

Localização de alguns dos muitos centros da Happy Science no exterior:

JAPÃO
Departamento Internacional
6F 1-6-7, Togoshi, Shinagawa, Tokyo, 142-0041, Japan
Tel: (03) 6384-5770   Fax: (03) 6384-5776

E-mail: tokyo@happy-science.org
Website: www.happy-science.jp

ESTADOS UNIDOS
Nova York
79 Franklin Street, New York, NY 10013
Tel: 1- 212-343-7972   Fax: 1-212-343-7973
E-mail: ny@happy-science.org
Website: www.happyscience-ny.org

Los Angeles
1590 E. Del Mar Boulevard, Pasadena, CA 91106
Tel: 1-626-395-7775   Fax: 1-626-395-7776
E-mail: la@happy-science.org
Website: www.happyscience-la.org

São Francisco
525 Clinton Street, Redwood City, CA 94062
Tel/Fax: 1-650-363-2777
E-mail: sf@happy-science.org
Website: www.happyscience-sf.org

Havaí
1221 Kapiolani Blvd, Suite 920, Honolulu
HI 96814, USA
Tel: 1-808-537-2777
E-mail: hawaii-shoja@happy-science.org
Website: www.happyscience-hi.org

AMÉRICAS CENTRAL E DO SUL

MÉXICO
E-mail: mexico@happy-science.org
Website: www.happyscience.jp/sp

PERU
Av. Angamos Oeste, 354, Miraflores, Lima, Perú
Tel: 51-1-9872-2600
E-mail: peru@happy-science.org
Website: www.happyscience.jp/sp

EUROPA

INGLATERRA
3 Margaret Street, London W1W 8RE, UK
Tel: 44-20-7323-9255   Fax: 44-20-7323-9344
E-mail: eu@happy-science.org
Website: www.happyscience-eu.org

ALEMANHA
Klosterstr.112, 40211 Düsseldorf, Germany
Tel: 49-211-9365-2470   Fax: 49-211-9365-2471
E-mail: germany@happy-science.org

FRANÇA
56 Rue Fondary 75015, Paris, France
Tel: 33-9-5040-1110   Fax: 33-9-5540-1110
E-mail: france@happy-science-fr.org
Website: www.happyscience-fr.org

OUTROS LIVROS DE RYUHO OKAWA

As leis do sol: O caminho rumo a El Cantare
Ensinamentos do Buda para a Nova Era

As leis douradas:
O caminho para um despertar espiritual

As leis da eternidade:
Desvendando os segredos do mundo espiritual

As leis da felicidade:
Os quatro princípios que trazem a felicidade

Renascimento de Buda:
Uma mensagem aos discípulos de vínculos passados

O ponto de partida da felicidade:
Um guia prático e intuitivo para a descoberta do amor, da sabedoria e da fé

Pensamento vencedor:
Estratégias para transformar o fracasso em sucesso

Mensagens de Jesus Cristo:
A ressurreição do amor

Mensagens celestiais de Masaharu Taniguchi:
Mensagem ao povo da Terra

As chaves da felicidade:
10 princípios para manifestar a sua natureza divina

Curando a si mesmo:
A verdadeira relação entre o corpo e o espírito